우리와 그들의 정치

파시즘은 어떻게
작동하는가

제이슨 스탠리 지음
김정훈 옮김

우리와 그들의 정치

에밀, 알레인, 칼레브, 캘리어와 그 세대에게

이 책에 쏟아진 찬사

"민주주의와 인간의 존엄을 걱정하는 사람은 누구든 이 책에 빠져들 것이다."

—『프론트라인』

"놀랍다! 크게 환영할 만한 중요한 책이다. 이 책은 되돌아오는 어둠과 괴물의 전조를 알아볼 수 있게 한다."

—『코리에레 델라 세라』

"제이슨 스탠리는, '우리 대 그들'로 갈라치기를 하며 협력과 타협, 타인에 대한 존중을 폄하하는 정치인들을 유권자가 받아들일 때, 어떻게 자유가 시들어버리는지를 보여준다. 이 책『우리와 그들의 정치—파시즘은 어떻게 작동하는가』는 철학자 스탠리의 통찰력 넘치는 저작『프로파간다는 어떻게 작동하는가』를 바탕으로, 사람들이 어떻게 속임수에 넘어가, 미국을 위대하게 만든 공민권의 확대를 뒤집어버리는지를 쉽고 간결하게 설명하고 있다."

— 데이비드 케이 존스턴David Cay Johnston, 퓰리처상 수상자,
『생각보다 훨씬 더 나빠: 트럼프 행정부가 미국에게 하고 있는 짓』 저자

"파시즘의 부활에 대한 훌륭하고 시의적절한 연구다!"

—『디 차이트』

"인류의 운명이 어느 쪽으로 기울지 알 수 없는 순간들이 있는데, 그런 때는 항상 추악한 신화가 부활한다. 그러나 미국의 가장 중요한 철학자 중 한 명인 제이슨 스탠리가 밝히고 있듯, 그러한 신화가 해체되고 그 역사가 발가벗겨질 때, 우리는 실제로 우리를 하나로 묶었던 특별한 끈을 기억한다. 그리고 그 강력한 기억의 불길 속에서, 거짓 신화에 기대어 불관용과 외국인 혐오, 공포를 조장하는 현대판 파시즘은 재가 되어버릴 것이다."

— 헤더 앤 톰슨Heather Ann Thompson, 퓰리처상 수상 작가, 『물속의 피』의 저자

"서서히 잠식해 들어오는 파시즘에 저항하여 민주주의를 촉구하는 강력한 외침!"

—『커커스 리뷰』

"제이슨 스탠리의 책은 현재 서구 세계에서 증가하는 외국인 혐오 포퓰리즘에 뒤따르는 정치적 결과를 이해해야 할 가장 적절한 시기에 나왔다. 스탠리는 역사가 가르쳐주는 그 결과를 분석하여 매우 명확한 개념으로 이야기할 뿐만 아니라, 오늘날 전 세계의 민주주의 국가를 위협하는 음험한 메커니즘이 어떻게 작동하고 있는지 볼 수 있는 중요한 틀을 제공하고 있다. 이 책은 시민으로서의 책임을 진지하게 받아들이는 우리 모두를 위한 필독서이다."

— 얀 T. 그로스Jan T. Gross 프린스턴대학 역사학과 명예교수. 『이웃들』과 『공포』의 저자

"1920년대부터 오늘날까지 우익운동과 정권이 사용한, 이야기와 전술에 대한 날카로운 논변을 담은 시기적절한 안내서이다. 스탠리가 성적 불안의 정치를 강조하는 것은 특히 환영할 만하고 적절하다."

— 루스 벤 기앳Ruth Ben Ghiat, 『이탈리아 파시즘의 제국 영화』의 저자

"트럼프 현상을 초국가적·초역사적 관점에서 바라봄으로써, 저자 제이슨 스탠리는 다른 사람들이 놓치는 파시즘의 패턴을 발견한다. 그의 비교적 관점은 성폭력에 대한 공포를 파시스트들이 어떻게 사용하는지를 특히 효과적으로 보여준다."

—『뉴욕 타임스 북 리뷰』

"트럼프 시대의 필독서. 아주 매력적인 책이다. 제이슨 스탠리의 이 책은 파시스트 이데올로기에 대한 멋들어진 분석을 제공하고 시원하게 정곡을 찌르는 상세한 논평들이 들어 있다."

—『가디언』

일러두기

1. 이 책은 *How Fascism Works: The Politics of Us and Them*(Random House, 2018)을 번역한 것입니다.
2. 본문 아래의 주석은 옮긴이 주이며, 원서의 주석은 미주로 정리했습니다.
3. 본문에 사용된 이미지의 출처는 shutterstock.com입니다.

차 례

fascismo
fascisme
फ़ैसिस्टवाद
الفاشية
FASCHISMUS
FASCISM
fașizm
الفاشية
法西斯主义
FASCISMO
фашизм
Fascismo
fascisme
fascismo

프롤로그

나는, 난민이 되어 유럽을 탈출한 부모님 슬하에서 히틀러의 군대를 물리치고 전례 없는 서구 자유민주주의 시대를 여는 데 기여한 영웅적 국가에 대한 이야기를 들으며 자랐다. 말년에 파킨슨병을 심하게 앓으셨던 아버지는 노르망디 해변을 찾아가겠다고 고집하셨다. 아버지는 새어머니 어깨에 기대어, 수많은 용감한 미국 젊은이들이 파시즘에 맞선 전투에서 목숨을 잃었던 장소를 걸으며 평생의 꿈을 이뤘다. 하지만 우리 가족이 미국의 이 유산을 축하하고 기리는 동안에도, 부모님은 미국의 영웅주의와 자유에 대한 미국인의 생각이 결코 단 하나가 아니라는 것도 알고 있었다.

제2차세계대전 이전에 찰스 린드버그는 최초의 단

독 대서양 횡단 비행을 성공하고 신기술을 예찬하며 미국 영웅주의의 전형을 보여주었다. 그는 자신의 명성과 영웅적 위상을 이용해 아메리카 퍼스트America First 운동에서 주도적인 역할을 했는데, 이는 나치 독일에 대항하는 전쟁에 미국의 참여를 반대하는 운동이었다. 1939년, 린드버그는 가장 미국적인 잡지인 『리더스 다이제스트』에 쓴 「항법, 지리, 그리고 인종」이라는 제목의 에세이에서, 미국판 나치즘이라 할 만한 주장을 폈다.

> 우리끼리의 다툼에서 벗어나 우리의 백인 성벽을 다시 쌓아야 할 때입니다. 외국 인종과의 동맹은 우리에게 죽음일 뿐입니다. 한없는 외국의 바다에 휩쓸리지 않으려면, 몽골인과 페르시아인과 무어인으로부터 우리의 유산을 우리 스스로 지킬 차례입니다.[1]

1939년은, 여섯 살이던 아버지 만프레트가 몇 달 동안을 숨어 지내다가, 7월에 당신의 어머니 일제와 함께 베를린 템펠호프 공항을 떠나 나치 독일을 탈출한 해이기도 하다. 아버지는 1939년 8월 3일 뉴욕에 도착했다. 그가 탄 배는 자유의 여신상을 지나 부두에 닿았다. 우리집에는 1920년대와 1930년대의 가족 앨범이 있는데, 앨범 마지막 장에는 점점 시야에 들어오는 자유의 여신상을 찍은 각기 다른 모습의 사진 여섯 장이 있다.

아메리카 퍼스트 운동은 당시 미국에서 친파시즘 정서의 대중적 얼굴이었다.[2] 1920년대와 1930년대에 많은 미국인들은 이민에 반대하는 린드버그의 견해에 공감했고, 특히 비유럽인들의 이민에 반대했다. 1924년의 이민법은 미국으로의 이민을 엄격하게 제한했는데, 그것은 특히 비백인과 유대인의 이민을 제한하기 위한 것이었다. 1939년, 미국은 너무 적은 수의 난민에게만 국경을 열어주었기에, 아버지가 입국을 허락받았던 것은 기적과도 같은 일이었다.

2016년 도널드 트럼프는 '아메리카 퍼스트'를 자신의 슬로건 중 하나로 부활시켰고, 취임 첫 주부터 그의 행정부는 끊임없이 난민들의 이민 금지를 추진해왔다. 특히 아랍 국가들이 그 대상이 되었다. 또한 트럼프 대통령은 비백인 중남미 불법체류 노동자 수백만 명을 미국에서 추방하겠다고 했다. 그리고 이들이 데려온 아이들을 추방으로부터 보호하는 법률을 폐지하겠다고 약속했다. 2017년 9월, 트럼프 행정부는 2018년에

미국 입국이 허용되는 난민 수를 4만 5천 명으로 제한
했는데, 이는 미국의 난민 제한 정책 이래 가장 낮은 수
치였다.

트럼프가 내세운 '아메리카 퍼스트'가 특히 린드버
그를 떠올리게 했다면, 그의 다른 슬로건인 '미국을 다
시 위대하게Make America Great Again'는 뭔가 역사의 모호한
시기에 대한 갈망을 부추겼다. 그런데 트럼프 선거운동
캠프 측이 보기에, 정확히 언제 미국이 위대했다는 것
일까? 미국이 흑인 주민을 노예로 삼았던 19세기 동안?
남부 흑인의 투표가 금지되었던 짐 크로우Jim Crow 인종
차별법 시기 동안? 트럼프 진영이 어떤 시기를 염두에
두고 있는지는, 2016년 11월 18일 당시 대통령 당선인
의 수석전략가였던 스티브 배넌Steve Bannon이 『할리우
드 리포터Hollywood Reporter』와 진행한 인터뷰에서 드러난
다. 그는 다가올 시대가 "1930년대만큼 신날 것"이라
고 말했다. 요컨대 미국이 파시즘에 가장 동조했던 시
대다.

～～～

최근 여러 해 동안, 세계 많은 나라에서 모종의 극우

민족주의가 득세해왔다. 그 목록에는 러시아, 헝가리, 폴란드, 인도, 터키, 그리고 미국이 있다. 각 나라마다 독특한 전후 사정이 있기 때문에 그러한 현상을 일반화하는 것은 늘 까다롭고 어려운 일이다. 그러나 이러한 일반화는 현시점에서 꼭 필요하다.

나는 권위주의적 지도자의 인격이 국가를 대표하는 여러 종류(민족, 종교, 문화)의 초국가주의를 가리키는 말로 '파시즘'이라는 명칭을 선택했다. 도널드 트럼프가 2016년 7월 공화당 전당대회 연설에서 "나는 당신들의 목소리다."라고 선언한 것이 그 단적인 예다.

이 책에서 내가 말하려는 주된 것은 파시스트 정치이다. 특히 구체적인 관심사는 권력을 얻기 위한 메커니즘으로서의 파시스트 전술이다. 그러한 전술을 쓰는 사람들이 일단 권력을 잡고 나면, 그들이 세운 정권의 형태는 상당 부분 각 나라의 특정한 역사적 조건에 의해 결정된다. 독일에서 일어난 일은 이탈리아에서 일어난 일과 달랐다. 파시스트 정치가 반드시 노골적인 파시스트 국가로 이어지는 것은 아니지만, 마찬가지로 역시 위험하다.

파시스트 정치에는 신화적 과거, 프로파간다, 반지성주의, 비현실성, 위계, 피해자의식, 치안, 성적 불안,

전통에 대한 호소, 공공복지와 통합의 해체 등 서로 다른 많은 전략들이 있다. 특정 요소들의 옹호는 합법적이고 때로 정당화되기도 하지만, 역사적으로 그것들이 하나의 정당이나 정치운동으로 합쳐지는 때가 존재한다. 바로 이때가 위험한 순간이다. 오늘날 미국에서는 공화당 정치인들이 점점 더 자주 이러한 전략을 사용하고 있다. 이러한 경향이 커지면 정직한 보수주의자들은 활동을 멈추게 된다.

파시스트 정치의 위험은 특정 방식으로 주민의 일부를 비인간화하는 데에서 생겨난다. 특정 집단들을 배제함으로써 시민들 사이의 공감 능력을 제한하고, 자유를 억압하며 집단 투옥 및 추방, 극단적인 경우에는 대량학살까지 이어지는 비인도적 처우를 정당화하기에 이른다. 이러한 집단학살과 인종청소 운동 이전에는 대개 이 책에서 기술되는 종류의 정치적 전술들이 사용된다. 나치 독일과 르완다, 현재 미얀마의 경우, 정권이 집단학살을 자행하기에 앞서 지도자들과 언론은 몇 달 또는 몇 년 동안 악랄한 수사법을 동원하여 인종청소의 희생자들을 공격했다. 이러한 선례를 볼 때, 모든 미국인들은 도널드 트럼프가 후보 시절에도, 대통령이 되어서도, 이민자 집단을 공개적이고 명시적으로 모욕했다는 사실에 대해 깊이 우려해야 한다.

　파시스트 정치는 노골적인 파시스트 국가가 발흥하지 않을 때조차도 소수집단을 비인간화한다.[3] 미얀마는 몇몇 조치를 통해 민주주의로 이행하고 있지만, 그럼에도 로힝야족 이슬람교도들에 대한 5년여에 걸친 잔인한 수사법은 결국 제2차세계대전 이후 최악의 인종청소를 낳고 말았다.

〰

　파시스트 정치의 가장 분명한 징후는 분열이다. 파시스트 정치는 사람들을 '우리'와 '그들'로 분리하는 것을 목표로 한다. 많은 종류의 정치운동들이 그러한 분열을 일으킨다. 예컨대, 공산주의 정치는 계급분열을 무기화한다. 파시스트 정치에 대해 이야기하려면 파시스트 정치가 '우리'와 '그들'을 구별하고, 종족과 종교 또는 인종적 차별에 호소하여, 이 분열을 이데올로기로 만들고 궁극적으로 정책을 형성하는 데 이용하는 매우 구체적인 방법들을 설명해야 한다. 파시스트 정치의 모든 메커니즘은 이러한 구별을 만들어내고 공고히 하기 위해 작동한다.

파시스트 정치인들은 현재에 대한 자신들의 시각을 뒷받침하기 위해 **신화적 과거**를 만들어냄으로써 역사의 상식을 허물어뜨려 자신들의 생각을 정당화한다. 그들은 **프로파간다**를 통해 이상理想을 나타내는 언어를 왜곡하여 현실에 대한 대중의 공유된 이해를 고쳐쓴다. 또한 **반지성주의**를 조장하여 자신들의 생각에 도전할 수 있는 대학과 교육 시스템을 공격한다. 결국, 이러한 기술로 파시스트 정치는 음모론과 가짜 뉴스가 이성적인 논쟁을 대체해버리는 **비현실**의 상태를 만들어낸다.

현실에 대한 공통된 이해가 무너지면서, 파시스트 정치는 위험하고 거짓된 믿음이 뿌리내릴 수 있는 여지를 만든다. 먼저, 파시스트 이데올로기는 집단의 차이를 자연적인 것으로 만들고, 그로써 인간 가치의 **위계**가 자연과 과학에 의해 뒷받침되는 듯한 인상을 주고자 한다. 사회적 서열과 분열이 굳어지면, 집단들 사이에는 이해 대신에 공포가 가득 차게 된다. 소수자 집단을 위하는 어떠한 진보적 정책도, 지배 계층 사이에 **피해자의식**을 부추긴다. **법질서** 정치는 '우리'를 합법적인 시민으로 묘사하고, '그들'을 국가의 남성성에 실존적 위협을 가하는 무법한 범죄자로 묘사하면서 대중적 호소력을 갖게 된다. 또한 성평등의 성장으로 가부장적 위계가 위협받으면서 **성적 불안**도 파시스트 정치의 전형적인 현상이 되었다.

'그들'에 대한 공포가 커지면서 '우리'는 모든 고결한 것을 대변하게 된다. '우리'는 전통이 살아 있는 시골에 살고 있다. 국가의 여러 도시들에서는 세계시민주의가, 자유주의적 관용 덕분에 대담해진 소수자들과 함께 위협을 가하고 있다. 그럼에도 불구하고, 이 시골에는 국가의 순수한 가치와 전통이 여전히 기적적으로 존재하고 있다. '우리'는 근면하며, 노력과 능력으로 자랑스러운 지위를 얻었다. '그들'은 게으르며, 우리 복지제도의 관대함에 편승하여 우리가 생산한 물건으로 생존해가거나, 노조와 같은 부패한 기관을 고용하여 정직하고 근면한 시민들의 급여를 뜯어간다. '우리'는 만드는 자고, '그들'은 받는 자다.

파시즘 정치의 메커니즘들은 서로를 떠받치는 경향이 있는데, 많은 사람들은 파시즘의 이러한 이데올로기적 구조에 익숙해 있지 않다. 따라 외치라고 요구하는 정치적 구호들이 서로 연결되어 있다는 것을 사람들은 알아차리지 못하고 있는 것이다. 나는 자유민주주의 정치의 정당한 전술과 파시스트 정치의 음흉한 전술의 차이를 인식하기 위한 중요한 도구를 시민들에게 제공하고자 하는 바람으로 이 책을 썼다.

〰

미국의 역사에서는 파시스트 사상의 뿌리만이 아니라 (실제로 히틀러는 남부 연방법과 짐 크로우 법에서 영감을 받았다) 자유민주주의 최고의 유산도 발견할 수 있다. 대규모 난민들이 파시스트 정권에서 탈출했던 제2차세계대전의 공포에 뒤이어, 1948년 세계인권선언은 모든 인간의 존엄성을 확언하였다. 전 영부인 엘리너 루스벨트가 그 초안과 채택을 주도한 이 문서는 전후 미국의 이상과 새로운 국제연합의 이상을 대변한 것이었다.

세계인권선언은 인간성에 대한 자유민주주의적 이해의 강력한 반복이자 확장을 담은 대담한 성명이었으며, 문자 그대로 전 세계 공동체를 포함하고 있었다. 또한 세계인권선언은, 모든 사람의 평등을 가치 있게 여기자는 공통의 약속으로 모든 국가와 문화를 묶었으며, 식민주의, 대량학살, 인종차별, 세계전쟁, 그리고 파시즘에 맞부딪쳐 황폐화되고 산산이 부서진 세계에서 수백만 명의 열망과 더불어 울려 퍼졌다.

모든 사람이 비호받을 권리가 있음을 엄숙히 확언하는 제14조는 전후에 특히 가슴에 사무치는 것이었다. 그것은 제2차세계대전 동안 겪은 고통의 재발을 막으려는 시도였으면서도, 동시에 특정 범주의 사람들이 자신들이 살았던 국가를 또다시 탈출해야 할지도 모른다는 현실을 인정하는 것이나 마찬가지였기 때문이다.

오늘날 파시즘이 정확히 1930년대의 모습처럼 보이지는 않을지 모르겠지만, 다시금 난민들은 전 세계를 떠돌아다니고 있다. 많은 나라에서 파시스트들은 난민들이 처한 곤경을 이용해, '국가가 포위당하고 있다', '외국인들이 국경 안팎에서 위협과 위험이 되고 있다'라는 식의 프로파간다를 강화하고 있다. 이방인들의 고통이 파시즘의 구조를 공고히 할 수 있는 것이다. 그러나 일단 렌즈를 바꿔 끼우고 보면, 이 일은 공감을 일으키는 방아쇠가 될 수도 있다.

HOW
FASCISM
WORKS

반유대주의자들은 전통의 이름으로 자신들의
'관점'을 정당화한다. 전통, 유구한 역사적 과
거, 파스칼과 데카르트와의 혈연적 유대라는
이름으로, 유대인들에게 말한다. "너희들은 결
코 여기에 속하지 못할 것이다."

— 프란츠 파농, 『검은 피부, 하얀 가면』(1952)

파시스트 정치가 하나같이 자신의 기원을 찾았다고
주장하는 곳에서 이야기를 시작하는 것이 자연스럽겠
다. 그것은 바로 과거다. 파시스트 정치는 비극적으로
파괴된 순수한 신화적 과거를 들먹인다. 국가가 어떻
게 정의되느냐에 따라, 그 신화적 과거는 종교적으로

순수할 수도 있고, 인종적으로 순수할 수도 있고, 문화적으로 순수할 수도 있으며, 그 모든 것이 될 수도 있다. 하지만 모든 파시스트적 신화화에는 공통된 구조가 있다. 모든 파시스트의 신화적 과거에는, 불과 몇 세대 전까지도 극단적인 형태의 가부장적 가족이 군림하고 있었다. 더 옛날로 거슬러 올라가면, 신화 속 과거는 애국적인 장군들이 이끄는 정복전쟁, 동포들로 가득한 군대, 집에서 다음 세대를 키우는 아내를 둔 강건하고 충성스러운 전사들로 이루어진 영광스러운 국가의 시간이었다. 오늘날 이러한 신화들은 파시스트 정치 아래에서 국가 정체성의 기초가 된다.

극단적 민족주의자들은, 세계주의, 자유주의적 세계시민주의, 그리고 평등과 같은 '보편적 가치들'에 대한 존중 때문에 이러한 영광스러운 과거가 굴욕적으로 상실되었다고 한다. 이러한 가치들이 국가의 존립에 대한 현실적이고 위협적인 도전 앞에서 나라를 약하게 만들었다는 것이다.

대개 이러한 신화들은 실재하지 않은 과거의 순일성에 대한 환상에 바탕을 두고 있으며, 이는 자유주의에 물든 도시적 퇴폐에 상대적으로 덜 오염된 작은 마을과 시골 지역의 전통 속에 여전히 살아남아 있다. 이러한 (언어적·종교적·지리적·민족적) 순일성은 일부 민족주의 운동에서는 아주 평범한 것일 수 있다. 그러나, 파시스트 신화는 선택받은 민족의 구성원들이 다른 민족들을 정복하여 문명을 건설하고 지배한 영광스러운 민족사를 창조한다는 점에서 다른 민족주의 운동과 구별된다. 예를 들어, 파시스트의 상상 속에서 과거는 항상 전통적인 가부장적 성 역할을 포함한다. 파시스트 신화 속에서 과거는 권위주의적이고 위계적인 이데올로기를 떠받치는 특정한 구조를 가지고 있다. 과거 사회들이 파시스트 이데올로기가 묘사하는 것만큼 가부장적이거나 실제로 영광스러웠던 경우는 드물지만, 이러한 사실관계는 중요하지 않다. 핵심은, 이 상상된 역사가 현재에 위계를 부과하는 일을 뒷받침하는 증거를 제공하고, 현재의 사회가 어떤 모습을 해야 하고 어떻게 운용되어야 하는지를 지시한다는 점이다.

1922년 나폴리에서 열린 파시스트 회의에서 무솔리니는 다음과 같이 선언했다.

> 우리는 우리의 신화를 창조했습니다. 신화는 신앙이고 열정입니다. 그것은 현실일 필요가 없습니다. […] 민족이 우리의 신화이고, 민족

의 위대함이 우리의 신화입니다! 그리고 이 신
화에, 우리가 완전한 현실로 만들어내고자 하
는 이 위대함에, 우리는 모든 것을 종속시켜야
합니다.[1]

　여기서 무솔리니는 신화적 과거가 의도적으로 꾸며
낸 것임을 분명히 한다. 파시스트 정치에서 신화적 과
거의 기능은 파시스트 이데올로기의 핵심 신조들(권위
주의·위계·순결·투쟁 등)을 뒷받침하기 위해 향수를
불러일으킬 만한 감정을 이용하는 것이다.

　신화적 과거를 만들어내면서, 파시스트 정치는 과거
에 대한 향수와 파시스트 이상들의 실현 사이에 연결
고리를 만든다. 독일의 파시스트들도 이 점을 분명하게
인식하고서 신화적 과거를 전략적으로 이용했다. 유명
나치 신문 『푈키셔 베오바흐터 *Völkischer Beobachter*』의 편집
자인 나치 이론가 알프레트 로젠베르크는 1924년, "우
리 자신의 신화적 과거와 우리 자신의 역사를 이해하
고 존중하는 것이 다음 세대가 유럽의 근원적 조국의
토양에 더 확고히 정착하기 위한 첫 번째 조건이 될 것
이다."라고 썼다.[2] 파시스트의 신화적인 과거는 현재를
바꾸는 일을 돕기 위해 존재하는 것이다.

가부장적 가족은 파시스트 정치인들이 사회에서 만들어내고자 하는 (혹은 그들의 주장으로는, 되돌아가고자 하는) 하나의 이상이다. 가부장적 가족은 항상 자유주의와 세계시민주의의 출현으로 인해 약화된 민족 전통의 중심축으로 그려진다. 그런데 가부장제는 왜 그렇게 파시스트 정치의 전략적인 중심이 되는 것일까?

파시스트 사회에서, 국가의 지도자는 전통적인 가부장제 가족의 아버지와 유사하다. 가부장제 가족에서 아버지의 힘과 권력이 자녀와 아내에 대한 궁극적인 도덕적 권위의 원천인 것처럼, 지도자는 국가의 아버지이며 그의 힘과 권력이 그의 법적 권위의 원천인 것이다. 전통적 가족에서 아버지가 부양자인 것처럼, 지도자가 국가를 부양하는 것이다. 가부장적 아버지의 권위는 그의 힘에서 비롯되며, 힘은 최고의 권위주의적 가치이다. 국가의 과거를 가부장적 가족구조의 모습으로 그려냄으로써 파시스트 정치는 중앙집중적으로 조직된 위계적 권위주의 구조에 향수를 부여하고 그것을 가장 순수한 형태의 표준으로 만든다.

그레고어 슈트라서Gregor Strasser는, 선전부장관 요제프 괴벨스가 그 자리를 이어받기 전인 1920년대에 국가사회주의(나치) 제국의 선전부장이었다. 슈트라서에 따르면, "남자에게 군복무는 가장 심오하고 가치 있는 형태의 참여이다. 여성에게 그것은 어머니가 되는 것이다!"[3] 국가사회주의 국가정책을 여성에게 적용하기 위한 1933년의 문서에서 독일여성협회의 대표 권한대행인 파울라 지버Paula Siber는 "여자가 된다는 것은 어머니가 된다는 것을 의미한다. 영혼의 모든 의식적 힘으로 어머니가 되는 것의 가치를 긍정하고 그것을 생의 법칙으로 만드는 것을 의미한다. […] 국가사회주의 여성의 가장 큰 소명은 단지 아이를 낳는 것만이 아니라, 어머니로서의 역할과 의무를 자각하고 그것에 완전히 헌신하여 민족을 위해 아이들을 양육하는 것이다."[4]라고 말했다.

오스트리아 출신인 영국의 나치즘 역사학자인 리하르트 그룬베르거는 "여성 문제에 대한 나치사상의 핵심"을 "인종 간의 불평등이 불변하는 만큼이나 성별 불평등도 불변한다는 신조"로 요약한다.[5] 역사학자 차루 굽타는 1991년 논문 「젠더의 정치학: 나치 독일의 여성들」에서 "나치 독일에서 이루어진 여성들에 대한 억압은 사실상 20세기에 가장 극단적인 반페미니즘의

사례가 된다."라고 주장하기까지 한다.[6]

〰

성 역할에 대한 이러한 이상들은 다시금 정치운동의 흐름을 좌우하고 있다. 2015년 폴란드의 우익정당인 '법과 정의당(PiS)'이 의회 선거에서 압도적인 다수를 차지하면서 집권당이 되었다. 현재 PiS는 폴란드 시골의 보수적인 기독교 사회 전통으로 돌아가자는 주장을 기치로 내걸고 있다. 소속 정치인들은 대부분 공개적으로 동성애를 혐오하고 반이민주의를 옹호한다.

유럽연합은 PiS의 극도로 반민주적인 조치들을 비난했다. 이를테면, (PiS 정당 소속인) 정부 장관들이 폴란드 라디오와 텔레비전 방송국의 방송 책임자들을 해고하고 고용할 권한을 갖고, 국영 미디어에 대한 완전히 통제 가능한 법을 제정하는 등의 조치에 대한 것이었다. 그러나 국제적으로 가장 잘 알려진 반민주적인 조치는 젠더 정치에서의 극단주의이다. 폴란드에서 낙태는 이미 금지되어 있었지만, 그래도 태아에게 심각하고 돌이킬 수 없는 손상이 있거나 산모에게 심각한 위험이 있는 경우, 강간이나 근친상간의 경우에는 예외였다. PiS가 제안한 새로운 법안은 강간과 근친상간에 의한 임신을 낙태 허용 조항에서 없애고 낙태 수술을 받는 여성을 징역형으로 처벌하도록 하는 것이었다. 이 법안이 통과되지 못한 것은 오로지 폴란드의 여러 도시들의 거리에서 벌어진 여성들의 대규모 항의 시위 때문이었다.

젠더에 대한 비슷한 생각들이 미국을 포함해 전 세계적으로 증가하는 추세에 있는데, 이를 지지하기 위해 흔히 역사가 들먹여진다. '위브'라는 별명으로 알려진 앤드루 오언하이머는 앤드루 앵글린과 함께 파시스트 온라인 신문 『데일리 스토머』를 운영하는 유명한 신나치주의자이다. 2017년 5월, 그는 『데일리 스토머』에 「전통적 성 역할이란 무엇인가?」라는 제목의 기사를 실었다. 이 글에서 그는 모계사회인 집시 집단과 유대 사회를 제외한 모든 유럽 문화에서 여성은 전통적으로 재산으로 여겨졌다고 주장한다.

그래서 유대인들이 이러한 생각들을 그토록 열심히 공격했던 것이다. 왜냐하면 재산의 부계 상속이 유대인의 문화에서는 근본적으로 불쾌한 것이었기 때문이다. 유럽이 여성을 독립적

인 존재로 보는 그런 터무니없는 생각을 하게
된 것은 오로지 유대교의 앞잡이들이 일으킨 조
직적인 전복 때문이다.[7]

20세기 나치즘의 주장을 되풀이하는 위브에 따르면,
가부장적 성 역할은 유럽 역사의 중심이자 백인 유럽
의 '영광스러운 과거'의 일부인 것이다.

위브의 글에서 과거는 전통적인 성 역할을 지지할 뿐
만 아니라, 그러한 성 역할을 고수하는 집단과 그렇지
않은 집단을 구분한다. 나치 독일에서부터 최근의 역사
까지, 복수심에 찬 이 구별은 대량학살로 확대될 수 있
다. '후투 파워' 운동은 1994년 르완다 종족 학살 몇 년
전에 르완다에서 일어난 종족 우월주의 파시스트 운동
이었다. 1990년, 후투 파워 신문인 『칸구라Kangura』는 후
투 십계명을 공개 발표하였다. 처음 세 가지는 젠더에
관한 것이다. 첫째 계명은 누구라도 투치족 여성과 결혼
한 사람은 그로 인해 순수한 후투족 혈통을 오염시켰기
에 배신자라고 선언했다. 세 번째 계명은 후투족 여성들
에게 남편, 형제, 아들이 투치족 여성과 결혼하지 않도
록 단속할 것을 요구했다. 두 번째 계명은 다음과 같다.

2. 모든 후투족 사람은 우리 후투족 딸들이 여성, 아내 그리고 가족의 어머니로서의 역할에 더 알맞고 양심적이라는 것을 알아야 한다. 그들은 아름답고, 좋은 도우미이며, 더 정직하지 않은가?

후투 파워 이데올로기에서 후투족 여성은 후투족의 순수성을 보장하는 신성한 책임을 맡은 아내이자 어머니로서만 존재한다. 이러한 종족적 순수성의 추구는 1994년 대량학살에서 투치족 사람들을 죽이는 데 핵심적인 정당성을 제공했다.

성별화된 언어와, 여성의 역할과 특별한 가치에 대한 언급들은 흔히 정치적 연설 속으로 미끄러져 들어가지만 그 함의는 좀처럼 생각되지 않는다. 2016년 미국 대선에서는 도널드 트럼프 공화당 대통령 후보가 여성을 심하게 비하하는 발언을 하는 장면이 담긴 동영상이 공개됐다. 공화당의 2012년 대선 후보였던 미트 롬니Mitt Romney는 트럼프의 발언이 "우리의 아내와 딸들을 비하한다."라고 했다. 폴 라이언Paul Ryan 공화당 하원의장은 "여성을 대상화하지 말고 감싸주고 우러러봐야 한다."라고 했다. 이 두 발언 모두 미국 공화당 정책의 근저에 있는 전형적인 가부장적 이데올로기를 드러낸다. 이 정치인들은 단순히 사실을 가장 직접적으로 설명하는 말을 했으면 되었을 것이다. 트럼프의 발언이 동료 시민의 절반을 비하하는 것이라고 말이다. 그러나 그 대신에, 롬니는 후투 십계명에 사용된 말을 연상케 하는 표현을 써서, 여성을 오로지 전통적인 가족 내에 종속된 역할의 측면으로, 즉 (누이는 고사하고) '아내와 딸'로 기술한다. 폴 라이언이 여성을 평등한 존중이 아닌 '우러러봄'의 대상으로 특징 짓는 것은 대상화를 비판하는 바로 그 문장으로 여성을 대상화하는 것이다.

파시스트 정치에서 가부장적 가족은 국가 전통에 대한 더 큰 서사에 포함되어 있다. 2010년 빅토르 오르반Viktor Orbán이 헝가리 총리에 당선되었다. 그는 공개적으로 비자유주의적 국가를 만들겠다고 하면서 그 나라의 자유주의 기관들을 해체하는 일을 관장해왔다.

2011년 4월, 오르반은 헝가리의 새 헌법인 '헝가리 기본법'의 도입을 주관했다. 기본법의 목표는 첫 부분인 '민족 공언'에서 언급되고 있는데, 이는 "천 년 전 우리 나라를 기독교 유럽의 일부로 만드셨던" 성 스테판Saint Stephen의 헝가리 건국을 찬양하는 것으로 시작된다. 이어지는 민족 공언은 (아마도 무슬림 오스만 제국에 대항하여) "우리 민족은 수 세기에 걸쳐 일련의 투쟁 속에서 유럽을 지켜왔다."라는 자부심을 표현한다. 그것은 "민족성을 보존하는 기독교의 역할"을 승인하고 "우리의 유산을 증진하고 보호할 것"을 엄숙히 약속한다. 민족 공언은 "영적이고 지적인 갱신을 위한 지속적인 필요"를 충족시키고 헝가리의 새로운 세대들에게 "헝가리를 다시 위대하게 만들" 수 있는 길을 제공하겠다고 약속하는 것으로 끝맺는다.

기본법의 첫 번째 조항들인 '근간'에는 일련의 문자가 붙어 있다. 제L조는 다음과 같다.

(1) 헝가리는 자발적인 결정에 의해 성립된 남녀의 결합인 결혼제도를 보호하고, 가족을 민족 생존의 기초로서 보호한다. 가족유대는 결혼 및/또는 부모와 자녀 사이의 관계에 기초해야 한다.

(2) 헝가리는 국민들이 아이를 갖는 일에 참여하도록 장려해야 한다.

(3) 가족의 보호는 기본 법령에 의해 규제되어야 한다.

두 번째 조항들인 '자유와 책임'은 로마 숫자로 표시된다. 제II조는 낙태를 금지하고 있다.

그 메시지는 분명하다. 가부장제가 과거의 고결한 도덕적 관행이므로, 자유주의로부터 보호해야 한다는 주장을 국가의 기본법에 기입해야 한다는 것이다. 파시스트 정치에서, 자유주의적 이상의 침해로 위협받는 가부장적 과거의 신화는, 남성과 지배집단이 자신의 순수성과 지위를 외국의 침범으로부터 보호할 능력이 없으면 사회적 지위를 상실할지도 모른다는 공포감을 불러일으키는 기능을 한다.

~~~

파시스트 정치에서 가부장제 사회로의 '복귀'가 위계를 공고히 하는 것일 때, 그 위계의 원천은 훨씬 더 깊은 과거에까지 가닿는다. 헝가리의 경우에는 성 스테판에게까지 거슬러 올라간다. 그 영광스러운 과거에, 선택된 국가나 민족 공동체의 구성원들은 다른 모든 민족들을 위한 문화적·경제적 의제를 설정했기에 자신들이 정상을 차지할 자격이 있다고 여겼던 것이다. 이것은 전략적으로 매우 중요한 일이다. 우리는 파시스트 정치를 위계 정치라고 생각할 수 있으며(예를 들어 미국에서 백인 우월주의는 영구적인 위계를 요구하고 함의한다), 그 위계를 실현하기 위해 현실을 권력으로 대체하는 정치라고 생각할 수 있다. 만약 주민들에게 그들이 마땅히 예외적인 존재라고, 자연이나 종교적 숙명에 의해 다른 사람들을 지배할 운명을 지닌 존재라고 설득할 수 있다면, 그들은 이미 엄청난 거짓말에 넘어간 것이다.

국가사회주의 운동은 게르만 순수민족 운동에서 비롯되었으며, 순수민족 운동의 지지자들은 신화적인 독일 중세 시대의 전통으로 돌아가기를 원했다. 비록 아돌프 히틀러는 나름의 시각으로 바라본 고대 그리스를 제국의 모델로 생각했지만, 알프레트 로젠베르크와 하인리히 힘러Heinrich Himmler와 같은 나치 지도자들은 순수민족 사상의 열렬한 숭배자이자 주창자였다. 2008년, 버나드 메이스는 독일의 골동품 연구와 국가사회주의 사이의 연관성에 대한 역사서인 『스바스티카의 과학』에서 다음과 같이 말했다.

순수민족 운동의 작가들은 고대 게르만에 대한 그림이 현실적인 목적에 도움이 될 수 있다는 것을 곧 알아차렸다. 게르만의 영광스러운 과

거를 현재의 제국주의적 목표를 정당화하는 일
에 동원할 수 있다는 것이었다. 1930년대 후반
의 나치 정기간행물들은 유럽 대륙을 지배하려
는 히틀러의 욕망을 단지 게르만의 운명을 완
수하는 것으로 설명했다. 선사시대 아리아인과
그 이후 고대 말기의 게르만인들이 유럽 대륙으
로 이주한 일을 반복하는 것이라고 이야기한 것
이다.[8]

　로젠베르크, 힘러 그리고 다른 나치 지도자들이 개
발한 전술은 이후 다른 나라의 파시스트 정치에도 영
감을 주었다. 인도의 힌두트바Hindutva 운동의 신봉자
들에 따르면, 힌두인들은 가부장적 관습과 엄격히 금
욕적인 성적 관행에 따라 살던 인도의 토착민들이었
는데, 이후에 이슬람인들이 들어오고 뒤이어 기독교
인들이 들어오면서 퇴폐적인 서구적 가치가 유입되었
다고 한다. 힌두트바 운동은, 학자들이 밝혀낸 인도의
실제 역사를 극적으로 보완하기 위해 순수 힌두 국가
라는 신화적인 인도의 과거를 날조해냈다. 인도의 집
권 민족주의 정당인 바라티야 자나타 당(BJP)은 힌두
트바 이데올로기를 공식 신조로 채택하였다. 그들은

이 허구적이고 가부장적이며 극도로 보수적인, 인종적·종교적으로 순수한 과거로 회귀하자는 감정적인 수사법을 사용하여 권력을 잡았다. BJP는 비힌두 소수민족 탄압을 주창했던 과격 극우 힌두 민족주의 정당인 민족의용단(RSS)의 정치적 분파에서 유래했다. 간디를 암살한 나투람 고드세는 현 인도 총리 나렌드라 모디Narendra Modi와 마찬가지로 RSS의 일원이었다. RSS는 1930년대 후반과 1940년대 유럽의 파시스트 운동에서 명시적인 영향을 받았으며, 그 주요 정치인들은 히틀러와 무솔리니를 자주 칭찬했다.

~~~

이처럼 위계적인 역사를 구축하는 전략적 목표는 진실을 대체하는 것이다. 게다가 영광스러운 과거를 발명하는 일은 불편한 현실을 지워버릴 수 있게도 한다. 파시스트 정치는 과거를 물신화하여 숭배하지만, 물신화되는 것은 결코 실제 과거가 아니다. 또한 이러한 발명된 역사는 국가가 과거에 저지른 죄를 줄이거나 완전히 지워버리기도 한다. 한 나라의 실제 역사를, 자유주의적 엘리트들과 세계시민주의자들이 진짜 '국가'

의 국민을 음해하기 위해 꾸며낸 이야기라고 말하며 음모론을 펴는 것도 전형적인 파시스트 정치인들이 하는 일이다. 미국에서는 남북전쟁이 끝난 훨씬 뒤에, 영웅적인 남부 과거의 신화화된 역사의 일부로 남부연합의 기념물들이 생겨났다. 거기에는 노예제의 참상이 축소되어 있었다. 트럼프 대통령은 이 신화화된 과거를 노예제와 연결 짓는 것은, 자신들의 '유산'을 기리려는 백인 미국인들을 음해하려는 시도라고 비난했다.

진짜 과거를 지우는 일은 인종적으로 순수하고 고결한 과거 국가의 비전을 정당화한다. 미얀마의 로힝야족에 대한 인종청소에는 그들이 물리적으로나 역사적으로 존재했던 흔적을 모두 다 지우는 일도 포함되어 있다. 로힝야족의 전통적인 고향인 라카인의 보안부 소속인 우 초 산 흘라는 "로힝야족 같은 것은 없다. 그것은 가짜 뉴스다."라고 말한다.[9] 유엔 인권 고등판무관의 2017년 10월 보고서에 따르면, 미얀마 보안군은 "로힝야족의 지형과 기억의 풍경에서 기억할 만한 지형지물의 흔적을 모두 깨끗이 지워서, 그들이 자신들의 땅으로 돌아오더라도 알아볼 수 없도록 황량한 지형만을 남기기 위한" 작업을 해오고 있다. 2012년 이전에 미얀마 라카인의 특정 지역에서 번창했던 다민족·

다종교 공동체는 이제 완전히 바뀌어, 이슬람 주민의 흔적이 남지 않게 되었다.

　파시스트 정치는 민족의 암울했던 과거의 순간들을 모두 부인한다. 2018년 초, 폴란드 의회는 나치 점령기 동안 폴란드가 자국 영토에서 저지른 만행에 대해, 심지어 기록이 분명한 집단학살에 대해서도, 책임을 묻는 일을 불법으로 규정하는 법안을 통과시켰다. 라디오 폴란드에 따르면 "법률 초안 55a조 1항은 '폴란드 민족 또는 폴란드 국가를 독일 제3제국에 의해 저질러진 나치 범죄나 평화 및 인류에 대한 다른 범죄, 또는 전쟁 범죄에 대해 책임이 있다거나 공모했다고 공개적으로 사실에 반하여 비난하는 자나, 그밖에 그런 범죄들의 진정한 가해자의 책임을 심각하게 희석하는 자는 누구든지 벌금이나 3년 이하의 징역에 처한다.'라고 명시하고 있다." 터키의 형법 301조는 제1차세계대전 중의 아르메니아인 대량학살을 언급하는 등의 '터키 정신을 모욕하는' 행위를 금한다. 한 나라의 과거 지우기를 법제화하려는 이와 같은 시도는 파시스트 정권의 특징이다.

　국민전선은° 프랑스의 극우정당으로, 선거에서 상당

°　2018년 '국민연합Rassemblement National'으로 바뀌었다.

한 성공을 거둔 최초의 네오 파시스트 정당이다. 초기 당수인 장-마리 르펜Jean-Marie Le Pen은 홀로코스트를 부인한 것으로 유죄 판결을 받았다. 후임 국민전선 당수인 그의 딸 마린 르펜Marine Le Pen은 2017년 프랑스 대통령 선거에서 2위를 차지했다. 비시정부하에서 프랑스 경찰이 프랑스 유대인들을 검거해 나치의 죽음의 수용소로 보내는 일에서 어떤 역할을 했는지는 기록으로 잘 남아 있다. 그러나 2017년 선거운동 기간 동안 마린 르펜은, 나치가 프랑스 유대인 1만 3천 명을 벨디브 경륜장에 모아 죽음의 수용소로 보낸 대규모 검거사건에 프랑스가 공모했었다는 사실을 부인했다. 2017년 4월 텔레비전 인터뷰에서 그녀는 다음과 같이 말했다. "나는 프랑스가 벨디브 사건에 책임이 있다고 생각하지 않습니다. […] 일반적으로 말해, 책임이 있는 사람들이 있다면, 그 당시 권력을 쥐고 있던 사람들이라고 생각합니다. 프랑스는 아니죠." 그러면서 그녀는, 득세한 자유주의 문화가 "우리 아이들에게 [자기 나라를] 비판하고 우리 역사의 가장 어두운 면만을 보도록 가르쳐왔던 것입니다. 그래서 제가 원하는 것은 우리 아이들이 자신이 프랑스인이라는 것을 다시 자랑스러워하는 것입니다."라고 덧붙였다.

홀로코스트를 공개적으로 부정하는 것을 법으로 막고 있는 독일에서는 극우정당인 독일 대안당(AfD)이 2017년 총선에서 제3당을 차지해 주류 독일 대중을 충격에 빠뜨렸다. 2017년 9월, 선거운동 기간 중에 당의 지도자들 중 한 명인 알렉산더 가울란트Alexander Gauland는 한 연설에서 "그 어떤 국민도 독일인만큼 거짓 과거를 갖도록 분명히 요구받은 적은 없었다."라고 말했다. 가울란트는 "독일 국민에게 과거를 돌려주어야 한다." 라고 요구했는데, 그의 이 말은 독일인들이 "두 번의 세계대전에서 우리 군인들이 거둔 업적을 자랑스러워할 수 있는" 과거를 의미했다.

미국 공화당의 정치인들은 백인들의 원한을 이용해 표를 모으려고 노예제의 잔혹성에 대한 정확한 역사 연구를 매도하며 (특히 남부 출신의) 미국 백인들을 '피해자'로 묘사하는데, 이와 마찬가지로 AfD는 마치 독일 국민이 박해를 받기라도 했던 것처럼 나치 독일의 과거사를 그림으로써 표를 얻으려고 한다. 같은 해 초에 드레스덴에서, AfD의 당 지도자들 중 한 명인 비외른 회케Björn Höcke는 "무엇보다도 우리를 조상들의 위대한 업적과 먼저 접하게 하는 기억의 문화"의 필요성에 대해 열정적으로 연설했다.[10]

'기억의 문화'에 대한 회케의 발언은 나치 독일 신화를 창조한 자들의 불안한 메아리였다. 1936년, 하인리히 힘러는 과거의 업적을 옹호하는 비슷한 발언을 하였다.

> 한 민족은 자신의 과거와 조상의 위대함을 인식하는 한 현재와 미래를 행복하게 살아간다. […] 우리는 우리의 사람들에게, 그리고 독일 국민들에게 우리가 겨우 천 년 정도의 과거를 가진 민족이 아님을 분명히 하고 싶다. 우리는 자기 문화가 없어 다른 민족들로부터 문화를 수용해야 했던 야만적인 민족이 아니었다. 우리는 우리 국민들이 우리의 역사를 다시 자랑스럽게 여기게 하고 싶다.[11]

향수의 감정을 무기화하기 위해 과거를 직접 발명하지 못할 때, 파시스트 정치는 국가의 영광에 대한 맹목적인 찬양을 약화시킬 만한 일은 모두 피해가며 과거를 선별한다.

〜〜

우리 나라가 무엇을 해야 하는지, 어떤 정책을 채택해야 하는지에 대해 솔직한 토론을 하기 위해서는 현실의 공통 기반이 필요한데, 여기에는 우리 자신의 과거도 포함된다. 자유민주주의에서 역사는 정치적 이유로 제공된 역사가 아니라, 과거에 대한 정확한 시각을 갖게 하면서 진실의 규범에 충실한 것이어야 한다. 반면 파시스트 정치의 특징은 정치적 이득을 위한 무기가 되는 국가적 유산을 만들어내기 위해 과거를 신화화할 필요가 있다는 것이다.

고통스러운 역사적 기억을 지워야 한다고 의도적으로 외치는 정치인들은 차치하더라도, 다음과 같은 집단 기억에 관한 심리학적 연구는 알아둘 만하다.

2013년 논문 「'잊어버리려는' 동기: 내집단 악행이 기억과 집단적 죄책감에 미치는 영향」에서 케이티 로텔라와 제니퍼 리치슨은 미국인 실험 참가자들에게 "미국 원주민들이 당한 억압과 폭력에 대한" 이야기를 두 가지 방식 중 하나로 소개하였다. "구체적으로 말하면, 폭력의 가해자들은 초기 미국인으로 묘사되거나(내집단 조건), 아니면 미국이라는 나라에 정착한 유럽인으로 묘사되었다(외집단 조건)."[12] 이 연구가 보여준 것은, 가해자를 명시적으로 자신의 동포라고 묘사할 때, 사람들은 악행에 대한 일종의 기억상실을 겪게 되는 경향이 더 높다는 사실이었다. 미국인 피실험자들에게 폭력의 주체를 (유럽인이 아닌) 미국인으로 제시했을 때, 그들은 부정적인 역사적 사건에 대해 잘 기억하지 못했던 것이다. "가해자들이 내집단 구성원이었을 때, 참가자들은 기억해낸 내용을 시큰둥하게 표현하였다." 로텔라와 리치슨의 연구는 유사한 결과를 가진 일련의 이전 연구들을 기반으로 한다.[13] 인간에게는 자신의 내집단이 과거에 저지른 문제적 행위를 잊고 최소화하려는 강력한 편향이 이미 내장되어 있다. 설령 정치인들이 부추기지 않더라도, 미국인들은 노예제와 대량학살의 역사를 최소화할 것이고, 폴란드인들은 반유대주의의 역사를 최소화할 것이며, 터키 시민들은 과거에 아르메니아인에게 저지른 잔학행위를 부정하는 경향이 있을 것이다. 정치인들이 이러한 일을 공식적인 교육정책으로 추진하게 두는 것은 맹렬한 불길에 기름을 붓는 일이 된다.

파시스트 지도자들은 실제 역사적 기록을 영광스러운 신화적 대체물로 대신하기 위해 역사에 호소한다. 자신들의 정치적 목적과, 사실을 권력으로 대체하려는 그들의 궁극적인 목표에 봉사할 수 있도록 대체 역사의 세부사항을 이용하려는 것이다. 헝가리 총리 빅토르 오르반은 16세기와 17세기 오스만 제국의 점령에 맞서 싸운 헝가리의 경험을 끌어와, 헝가리를 기독교 유럽의 역사적 수호자로 내세워서 오늘날 난민을 제한하는 근거로 이용한다.[14] 물론, 그 당시 헝가리는 이슬람이 이끄는 제국과 기독교가 이끄는 제국 사이에 있는 국경이기는 했지만, 종교가 이러한 갈등에서 그다지 중요한 역할을 한 것은 아니었다.(예를 들어, 오스만 제국은 기독교인들의 개종을 요구하지 않았다.) 오르반이 내세운 신화적 역사는 과거를 단순하게 만들고, 자신의 목표를 뒷받침하기에 충분할 만큼의 그럴싸한 것만을 말한다.

미국에서 남부의 역사는 노예제를 눈가림하기 위해 계속해서 신화화되고 있으며, 노예제 폐지 후 한 세기가 지나도록 흑인들에게 투표권을 주지 않은 것을 정당화하는 데 사용되었다. 남부의 흑인들에게 투표권을 부여하지 않은 것을 정당화하는 중심 서사로 사용된 것은, 1865년 남부 흑인들이 투표권을 부여받았던, 남북전쟁 직후의 '재건기Reconstruction'°로 알려진 시기의 거짓 역사이다. 그 당시 사우스캐롤라이나 같은 남부의 일부 주들에서는 흑인이 다수를 차지했고, 그 대표자들은 십여 년 동안 많은 주 입법부에서 강력한 목소리를 냈으며, 심지어 미국 의회에서 직책을 맡기도 했다. 남부 백인들이 실질적으로 흑인들의 투표를 금하는 법을 제정하면서 이 재건기는 끝났다. 남부 백인들은 흑인들이 자치를 할 수 없었기 때문에 그러한 조치가 필요했다는 신화를 유포했다. 그 당시의 역사 서술들은 재건기를 비할 데 없는 정치적 부패의 시대로 그렸으며, 백인들이 다시 전권을 갖게 되었을 때 비로소 안정을 되찾았다고 설명했다.

1935년에 출간된 듀보이스W. E. B. Du Bois의 걸작 『흑인의 재건Black Reconstruction』은 재건기에 대한 당시의 공식 역사를 단호히 반박한다. 듀보이스가 보여주듯, 남부 백인들은 북부 엘리트들과 결탁하여 재건기에 종지부를 찍었는데, 이는 새로이 선거권을 얻은 흑인 시민들이 가난한 백인과 연합하여 자본의 이익에 도전하는 강력한 노동운동을 전개할 것이라는 공포가 부유한 계층 사이에 널리 퍼졌기 때문이었다. 듀보이스는 재

◦ 미국 남북전쟁 이후 1865~1877년 사이의 기간을 가리키는 말로, 이 시기에는 노예제와 그 유산의 불평등을 바로잡기 위한 시도들이 행해졌다. 오랫동안 많은 역사가들은 재건기를 패배한 남부연합에 흑인 우월주의를 고착시키려 한 시기로 묘사해왔으나, 20세기 후반부터는 호의적으로 평가되어 인종 간 민주주의의 모범적인 실험으로 여겨져 왔다.

건기가 얼마나 정의로운 통치 시기였는지를 보여준다. 흑인 의원들이 사리사욕으로 통치하지 않았을 뿐만 아니라 백인 동료 시민들의 두려움을 수용하고 조정하기 위해 많은 노력을 기울인 시기였던 것이다. 당시 『흑인의 재건』은 백인 역사가들에 의해 대체로 무시되었지만, 1960년대에는 듀보이스의 주장이 역사적 사실로 널리 인정되었다.

학계의 역사학자들은 다 알면서도 정치적 이유로 재건기에 대한 거짓 역사를 퍼뜨렸다. 그들은 진실을 추구하기 위해서가 아니라 남북전쟁에서 생겨난 미국 백인들의 심리적 상처를 달래기 위해 학문을 이용했다. 역사학자들은 주州들 사이의 극명한 도덕적 차이를 덮어버린 안온한 역사관을 제공함으로써, 이전의 노예제에 찬성한 주들이 흑인의 시민권에 대한 최소한의 보호마저도 제거해버린 일을 정당화했다.

『흑인의 재건』의 마지막 장의 제목은 「역사라는 프로파간다」이다. 이 장에서 듀보이스는 정치적 목표를 홍보하기 위해 역사적 학문성, 진실, 객관성이라는 이상에 호소하는 관행을 신랄하게 비판한다. 그렇게 하는 것은 역사학의 학문적 규율을 훼손하는 것이라고 듀보이스는 선언한다. 듀보이스에 따르면, 진실과 객

관성이라는 소중한 이상을 내걸고서 정치적 이익을 위
해 거짓 서사를 주창하는 역사가들은, 역사를 프로파
간다로 바꿔버리는 죄를 범하고 있는 것이다.

HOW

FASCISM

WORKS

많은 사람들에게 해를 끼칠 정책을 대놓고 추진하기란 어려운 일이다. 정치 프로파간다의 역할은 명백히 문제가 있는 정치적 목표를, 널리 받아들여지는 이상으로 가려서 숨기는 것이다. 권력을 위한 위험하고 불안정한 전쟁이 안정과 자유를 목표로 하는 전쟁으로 둔갑한다. 정치 프로파간다는 고결한 이상의 언어를 사용하여, 그렇지 않았더라면 반대할 만한 목적들을 지지하도록 사람들을 결속시킨다.

리처드 닉슨 미국 대통령의 '범죄와의 전쟁'은 문제가 있는 목표를 고결한 목표로 가린 좋은 예이다. 하버드대학의 역사학자 엘리자베스 힌튼은 『빈곤과의 전쟁에서 범죄와의 전쟁까지: 미국의 대량 수감』에서 닉슨의 비서실장 H. R. 홀더먼Haldeman의 수첩 메모를 인용해 이 전략을 언급하고 있다.

홀더먼은 1969년 4월 수첩에 닉슨의 말을 인용해 적었다. "자넨 정말로 모든 문제의 원인은 흑인들이라는 사실을 직시해야 해. 관건은, 그렇게 보이지 않으면서도 이 사실을 감안한 시스템을 고안하는 것이지." 닉슨은 범죄 억제라는 강령이 그의 행정부의 국내 정책 배후에 있는 인종차별적 의도를 효과적으로 숨길 수 있는 방법이 될 수 있음을 분명하게 인식하고 있었던 것이다.[1] 이 대화 이후 '법질서'라는 닉슨의 수사법은 인종차별적인 정치적 의제를 감추기 위해 사용되었는데, 그 의제는 백악관의 벽 안에서는 완전히 노골적이었다.

~~~

파시스트 운동은 몇 세대에 걸쳐 '적폐청산'을 내걸어 왔다. 그 자신이 부정행위에 관여하면서도 거짓 부패 혐의를 공표하는 것은 파시스트 정치의 전형적인 특징이며, 반부패 캠페인이 파시스트 정치운동의 핵심이 되는 경우도 많다. 특히나 파시스트 정치인들은 자신들이 장악하고자 하는 국가가 부패했다고 매도하는데, 이는 파시스트 정치인들이 타도하고자 하는 정치인들보다 그들 자신이 하나같이 훨씬 더 부패했다는 것을 감안하면 참으로 희한한 일이다. 역사학자 리하르트 그룬베르거는 『12년 제국』에서 이렇게 말했다.

그것은 역설적인 상황이었다. 민주주의와 부패가 동의어라는 것을 집단적 의식 속에 주입하고 나서 나치는 정부 체계를 구축하기 시작했는데, 그에 비하면 바이마르 정권의 스캔들은 정치조직의 작은 흠집처럼 보일 뿐이었다. 부패는 사실 제3제국의 핵심적 조직 원리였다. 그러나 대다수 시민들은 이 사실을 간과했을 뿐만 아니라, 실제로 새로운 정권의 인사들을 청렴결백하고 도덕적 고결함에 헌신하는 사람들로 여겼다.[2]

～～～

파시스트 정치인에게 부패란 사실 법의 부패라기보다는 순결의 부패이다. 공식적으로 보자면, 파시스트 정치인은 정치적 부패를 비난하는 것처럼 들린다. 그러나 그들이 부패를 들먹이는 의도는 전통적 질서가 훼손되었다는 느낌을 불러일으키기 위한 것이다.

날조된 부패 혐의는 '재건'이라는 목표로 이어졌다. W. E. B. 듀보이스가 『흑인의 재건』에서 썼듯이, "사실 부패 혐의의 핵심은 […] 가난한 사람들이 부자들을 지배하고 세금을 부과하고 있다는 것이었다."[3] 그리고 듀보이스는 흑인 시민들의 공민권 박탈 이면에 있는 주된 수사적 주장을 설명하면서 다음과 같이 말하고 있다.

> 마침내 남부는 거의 완전히 하나가 되어 흑인을 남부 부패의 주요 원인으로 지목했다. 그들은 이 혐의를 거듭 말하여, 그것이 역사가 될 때까지 되풀이했다. 재건기 중 벌어진 부정의 원인은, 공민권이 없던 4백만 명의 흑인 노동자들이 250년간 착취를 당한 후에 자신이 어떤 물건을 만들고 어떤 일을 하고 창출한 부를 어떻게 분배할지에 대해, 그들 자신의 정부에서 법적인 발언권을 부여받았기 때문이라는 것이었다.[4]

많은 백인 미국인들은 오바마 대통령이 틀림없이 부패를 저질렀을 것이라고 여겼다. 왜냐하면 그가 백악관을 차지했다는 사실 자체가 일종의 전통적 질서의 부패였기 때문이다. 여성들이 보통 남성들을 위해 마련된 정치권력의 자리에 오를 때(혹은 이슬람인, 흑인, 유대인, 동성애자, 또는 '세계시민주의자'가 보건의료와 같은 민주주의 공공재의 혜택을 입거나 공유했을 때), 그것은 부패로 인식된다.[5] 파시스트 정치인들은 지지자들이 그들 자신의 진짜 부패에 대해서는 눈감으리라는 것을 알고 있다. 왜냐하면 그들 자신의 경우에는, 선택된 민족의 구성원들이 정당한 자신의 몫을 가져가는 것일 뿐이기 때문이다.

반부패라는 미명하에 부패를 은폐하는 것은 파시스트 프로파간다의 전형적인 대표 전략이다. 블라디슬라프 수르코프는 원래 수년 동안 블라디미르 푸틴의 선전부장관이었다. 언론인 피터 포메란체프는 그의 저서 『아무것도 진실이 아니고 모든 것은 가능하다: 새 러시아의 초현실적 심장』에서 수르코프의 '소형 정치체제'를 민주적 수사법과 비민주적 의도의 결합으로 묘사했다.[6]

핵심은 파시스트 프로파간다의 배후에 있는 비민주

적인 의도다. 파시스트 국가들은 법치를 해체하는 데 집중하고 있으며, 이를 통치자 개인이나 당수黨首의 지시로 대체하려 한다. 파시스트 정치에서는 독립적인 사법부를 부패하고 편향되었다는 구실로 혹독하게 비판하는 것이 보통이다. 그러고서는 그런 비판을 이용해, 독립적인 법관들을 집권당의 이익을 보호하기 위해 법을 사용할 냉소적인 법관으로 대체하려고 한다.

　독립된 사법부를 무너뜨리려는 이러한 전략은, 헝가리와 폴란드처럼, 표면적으로는 성공한 민주주의 국가들이 최근 비민주적인 통치로 빠르게 이행하는 과정에서 특히 두드러졌다. 두 나라 모두 반민주적인 정권이 권력을 잡은 직후에 독립적인 법관들을 정당 충성파로 대체하는 법률을 도입했던 것이다. 공식적으로 정권이 내세운 명분은, 이전의 사법부 중립의 관행들이 사실은 집권당에 반하는 편향을 감추는 가면이었다는 것이었다.[7] 소위 편향과 부패를 근절한다는 명목으로, 파시스트 정치인들은 자신들의 권력을 견제할 수도 있는 기관들을 공격하고 축소한다.

〰〰

파시스트 정치가 반부패라는 명목으로 법치를 공격하듯이, 그것은 자유를 수호하고 개인의 자유권을 보호한다고 자처하기도 한다. 그러나 이러한 자유는 어떤 집단을 억압하는 조건으로 얻어진다. 1852년 7월 5일, 미국의 폐지론자이자 연설가인 프레더릭 더글러스는 그해의 독립기념일을 기리기 위한 연설을 했다. 더글러스는 이날이 정치적 자유를 기념하는 날임을 인정하면서 발언을 시작했다.

이것은 7월 4일 독립을 기념하는 행사입니다. 이날은 여러분들의 국가 독립과 정치적 자유의 생일입니다. 여러분에게 이날은 하나님의 해방된 백성에게 유월절과 같은 날입니다.[8]

연설의 첫 부분에서 더글러스는 자유의 대의에 대한 건국의 아버지들의 헌신에 찬사를 보내고, 자유의 이상을 찬양하며 그날을 축하한다. 그러나 과거 노예였던 더글러스는 그다음에 이렇게 묻는다.

쇠사슬에 묶인 사람을 빛나는 거대한 자유의 신전으로 끌고 와서, 여러분과 함께 기쁨의 찬가

를 부르라고 한 것은, 비인간적인 조롱과 신성
모독적인 아이러니였습니다. 시민 여러분, 저
를 조롱하려고 오늘 제게 연설해달라고 한 것인
가요?[9]

「노예에게 7월 4일이란 무엇인가?」라는 제목의 이
유명한 연설에서 더글러스는 자유의 이상을 찬양하면
서 인간을 노예로 부리는 국가의 위선을 고발한다. 남
부에 살았던 사람들을 포함한 19세기 미국인들은 그들
의 땅을 자유의 등불로 여겼다. 어떻게 그럴 수 있을까?
이 땅은 노예가 된 아프리카인들과, 토지권과 종종 생
명권까지도 철저히 무시된 원주민들의 노동에 의해 만
들어진 것인데? 그렇게 더글러스는 물었다.

  자유라는 수사법이 이러한 상황에서 효과적일 수 있
었던 것은 아프리카에서 수입된 노예들과 원주민들은
자유를 누릴 만한 존재가 못 된다는 믿음이 널리 퍼져
있었기 때문이었다. 이는 인종들 사이에 가치의 위계
가 있다는 고전적인 파시스트 이데올로기이다. 자유라
는 수사법이 남부연합 기간 동안 작동한 것은 백인 남
부인들의 자유를 노예제 관행과 대놓고 연결시켰기 때
문이었다. 다른 사람들이 당신을 위해 노동하고 있을

때, 당신은 적어도 표면적으로는 원하는 대로 할 수 있는 자유가 있다. 남부 농장의 여유로운 생활이 주는 자유는 백인종의 우월성이라는 신조와 밀접하게 결속되어 있었다. 이러한 구조적 조건하에서, 남부에서는 자유라는 개념 자체가 노예제의 관행 속에서 이루어진 개념적 왜곡에 바탕을 둔 것이었다. 이러한 뒤집기는 연방정부의 개입으로부터 미국 남부 주들의 자유를 방어하기 위해 사용했던 문구인 '주州의 권리'라는 수사법에서도 발견된다. 그러나 '주의 권리'에 대한 요구와 가장 관련 있는 연방의 개입은 노예제를 폐지하는 것이고, 이어서 흑인 시민의 투표권을 제한하는 짐 크로우 법을 폐지하는 것이었다. 남부 주의 많은 백인들이 '주의 권리'를 요구하며 추구한 자유는 동료 흑인 시민들의 자유를 제한하는 자유였던 것이다.

역사적으로, 파시스트 지도자들은 민주적인 선거를 통해 권력을 잡는 경우가 종종 있었다. 그러나 (투표권에 내재된 자유와 같은) 그런 자유에 대한 헌신은 그 자체를 끝장내는 경향이 있다. 『나의 투쟁Mein Kampf』에서 히틀러는 의회민주주의를 맹비난한 후, "자유로이 선출된 지도자가 자신이 행한 것과 이뤄지게 한 모든 것에 대해 전적인 책임을 져야 하는 책무를 갖는"'진정한 게르만 민주주의'를 칭송한다. 여기서 히틀러가 말하고 있는 것은, 처음 민주적인 투표를 한 이후 지도자에 의한 절대적인 통치이다. 히틀러가 말하는 '진정한 게르만 민주주의'에 대한 설명에는 지도자가 다음 선거에서 재선출되어야만 한다는 어떠한 시사도 없다.(히틀러는 여기서 중세 게르만 왕들이 종신 선출되었던 신화적 과거도 끌어오고 있다.)[10] 이 체제가 무엇이든 간에, 그것을 민주주의로 인정하기는 힘들다.

노예제 관행을 옹호하기 위해 남부연합이 자유의 개념을 사용하고, 노예제를 옹호하기 위해 남부 주들이 '주의 권리'를 요구했을 때, 그리고 히틀러가 독재 통치를 민주주의로 표현했을 때, 자유민주주의적 이상들은 그 자체를 잠식하는 가면으로 사용되었다. 그 모든 경우에서 우리는, 반자유주의적 목표가 사실은 자유주의적 이상을 실현하는 것이라고 주장하는, 허울 좋은 논증을 발견할 수 있다. 남부연합과 짐 크로우 법의 경우에 제시된 논증은, 자결自決이라는 자유주의적 이상의 표명인 '주의 권리'가 인종적 예속의 관행을 허용하는 까닭은 각 주가 그렇게 선택하였기 때문이라는 것이었다. 히틀러는 '진정한 게르만 민주주의'(즉, 단 하나의 개인에 의한 독재)가 진짜 민주주의라고 논증한다.

정치적 결정을 내릴 수 있는 힘이 한 사람에게만 있기에 (그리고 개인의 책임이란 그야말로 자유주의적 개념이기에) 그러한 체제에서만 정치적 결정에 대한 진짜 개인의 책임이 존재하기 때문이라는 것이다.

〰

플라톤의 『국가*Republic*』 8권에서 소크라테스는 민중은 자연스레 자치로 향하는 것이 아니라, 자신들이 따를 강력한 지도자를 찾는다고 주장한다. 민주주의는 표현의 자유를 허용하여, 대중선동가들이 강자에 대한 사람들의 욕구를 이용할 수 있는 길을 열어놓는다. 강자는 언론의 자유를 이용해 사람들의 원한과 두려움을 먹이로 삼는다. 일단 이 강자가 권력을 잡으면, 그는 민주주의를 폭정으로 대체하여 민주주의를 끝낼 것이다. 요컨대 『국가』 8권은 민주주의가 그 이상 자체에 의해 파멸로 이어지는 자기 파괴적인 체제라고 주장한다.

파시스트들은 민주주의의 자유를 이용하여 그 자신과 대립하도록 만드는 이런 비법을 언제나 잘 알고 있었다. 요제프 괴벨스 나치 선전부장관은 "민주주의에 대한 최고의 농담은 항상 이런 것일 것이다. 그것은 바로 민주주의는 자신을 파괴하는 수단을 그 불구대천의 원수들에게 주었다는 것이다."라고 말한 적이 있다. 오늘날도 과거와 다르지 않다. 표현의 자유를 극단까지 밀어붙여서 궁극에는 다른 사람들의 발언을 무너뜨리는 데 그것을 사용하는 자유민주주의의 적들이 다시금 발견되고 있는 것이다.

데저레 퍼루즈Desiree Fairooz는 제프 세션스Jeff Sessions 미국 법무장관의 인사청문회에 배석한 전직 사서이자 활동가이다. 세션스는 전 앨라배마주 상원의원으로, 1986년 미국 상원에 의해 극우 극단주의 혐의로, 특히 인종차별 혐의 때문에 연방 판사 지명이 거부되었던 적이 있다.(상원의원이었을 때 세션스는 이민에 대한 공포를 조장함으로써 유명세를 얻었다.) 앨라배마주의 리처드 셸비 상원의원이 "세션스가 모든 미국인을 법 아래 평등하게 대우했다는 사실이 문서 기록으로 잘 남아 있다."라고 공언했을 때, 퍼루즈는 깔깔대고 웃었다. 그녀는 즉시 체포되었고 파괴적이고 무질서한 행위를 했다고 기소되었다. 세션스가 이끄는 법무부는 그녀를 고소했다. 2017년 여름, 판사가 웃음은 허용되는 표현이라는 근거로 소송을 기각한 후에도, 세션스 법무부는 2017년 9월에 그녀에 대한 고소를 계속 진행하기로 결정했다. 그해 11월이 되어서야 법무부는 깔깔대고 웃었다는 이유로 퍼루즈를 재판에 회부하려는 시도를 포기했다.

제프 세션스 미국 법무장관을 표현의 자유의 옹호자로 보기는 힘들다. 그러나 청문회에서 웃었다는 이유로 법무부가 한 시민을 다시 재판에 회부하려 했던 바로 그달, 세션스는 조지타운 로스쿨에서 학계가 우경화의 목소리를 억누르고 있다고 주장하면서 대학이 표현의 자유라는 책무를 다하지 못하고 있다며 맹비난하는 연설을 했다. 그는 "표현의 자유와 수정헌법 제1조에 대한 전 국가적 헌신"을 요구했다.(세션스가 이 연설을 한 그 주에, 인종차별에 대한 항의로 애국가 제창 동안 무릎을 꿇은 선수들을 해고할 것을 트럼프 대통령이 내셔널 풋볼 리그 구단주들에게 요구했다는 뉴스가 온 미디어를 뒤덮었는데, 선수들의 행위는 수정헌법 제1조의 권리 행사였다.)

최근 미국 정치는 표현의 자유 옹호라는 극우 민족주의자들의 수사법이 지배해왔다. 오리건주 포틀랜드에서 열리는 친트럼프 정기 집회는 '표현의 자유 트럼프 집회'로 불린다. 2017년 5월, 이 도시는 특히 잔인한 백인 민족주의 테러행위의 현장이었다. 35세의 극우 민족주의자인 제레미 조셉 크리스티안이 두 명의 젊은 여성에게 반이슬람적인 욕을 퍼붓다가, 이를 제지하려던 세 사람을 흉기로 찌른 사건이 있었다. 흉기에 찔린 피해자 중 두 명이 부상으로 사망했다. 기소 인정 여부 절차를 밟기 위해 법정에 들어서자 크리스티안은 소리쳤다.

> 포틀랜드여! 표현의 자유가 아니면, 죽음을! 안전한 곳은 없다! 여기는 미국이다. 표현의 자유가 싫으면 꺼져라. 당신들은 그걸 테러라고 부르지만, 나는 애국이라고 부른다.[11]

우리가 민주주의에서 표현의 자유를 갖는 주된 이유는 시민들과 그들의 대표들의 정책에 대한 공적 담론을 용이하게 하기 위해서이다. 그러나 한 사람이 다른 사람에게 (신체적 폭력은 말할 것도 없고) 욕설을 가했는데, 이에 항의하는 것을 표현의 자유에 대한 공격이라고 비난하는 것은, 표현의 자유라는 권리가 보호하고자 하는 종류의 공적 담론과는 무관하다. 제레미 조셉 크리스티안이 참여하기를 원했던 종류의 표현은 공적 담론의 가능성을 용이하게 하기보다는 파괴한다.

파시즘이 비이성을 이성보다, 광적인 감정을 지성보다 우선시한다는 사실은 자주 지적된다. 그러나 자주 언급되지 않는 것은, 파시즘이 이러한 일을 간접적으로 수행한다는 사실이다. 즉 프로파간다를 통해서 한다는 점이다. 「히틀러의 '투쟁' 수사」는 미국의 문학이론가인 케네스 버크Kenneth Burke가 1939년에 쓴 에세이다. 이 글에서 버크는, 히틀러가 인간은 짐승이며 생은 이성과 객관성이 아무 역할을 못 하는 집단들 사이의 권력투쟁이라는 자각을 어떻게 했는지, 이성이 **추동한** '계몽주의'에 대한 거부 등과 같은 국가사회주의의 이상들을 수용하기 위해 얼마나 고투했는지를 『나의 투쟁』에서 반복적으로 묘사하고 있다고 설명한다. 버크는 "히틀러주의를 비이성에 대한 숭배라고 공격하는 사람들은 자신들의 진술을 이렇게 수정해야 한다. 그것은 비이성적이지만, '이성'이라는 슬로건 아래에서 수행된다."라고 말한다. 파시스트들은 계몽주의의 이상을 거부하면서, 현실과의 냉혹한 대결과 자연법칙에 의해 그럴 수밖에 없다고 선언한다. 히틀러는 자신의 '열광적 반유대주의자'로의 전환을 "'마음'에 맞선 '이성'과 '현실'의 투쟁"으로 묘사한다. 파시스트는 자신이 과학적 이성을 통해, 삶이 지배를 위한 무자비한 투쟁이라는 견해에 이르게 되었다고 주장하지만, 여기서 그를 그러한 견해로 이끌었다고 하는 바로 그 힘(보편적 이성이라는 계몽의 이상)은 버려질 수밖에 없는 것이었다.

3

반지성

HOW
FASCISM
WORKS

파시스트 정치는 교육, 전문지식, 언어를 공격하고 평가절하함으로써 공적 담론의 기반을 무너뜨리고자 한다. 지성적인 토론은, 다른 관점들을 접할 수 있는 교육, 자신의 지식이 부족할 때 전문지식을 존중하는 태도, 그리고 현실을 정확하게 묘사할 수 있을 만큼의 풍부한 언어가 없이는 불가능하다. 교육, 전문지식, 그리고 언어적 분별력이 훼손되고 나면, 권력과 종족의 정체성만이 남게 된다.

이는 파시스트 정치에 대학의 역할이 없다는 말이 아니다. 파시스트 이데올로기에는 합법적인 관점이 단하나밖에 없다. 바로 지배민족의 관점이다. 학교는 학생들에게 지배문화와 그 신화적인 과거를 소개한다.

그러므로 교육은 파시즘에 심각한 위협이 되거나, 신화적 국가의 버팀목이 된다. 그렇다면 캠퍼스에서 벌어지는 시위와 문화적 충돌이 진짜 정치적 전장戰場에 해당하며 전국적인 관심을 받는 것도 놀랄 일이 아니다. 여기에 큰 판돈이 걸려 있는 것이다.

~~~

적어도 지난 50년 동안, 대학은 불의와 권위주의의 확대에 맞선 항의의 진원지였다. 예를 들어, 1960년대의 반전운동에서 대학이 했던 독특한 역할을 생각해보자. 표현의 자유가 하나의 권리일 때, 선전가들은 반대 의견을 정면으로 공격할 수가 없다. 대신에 그들은 그것을 폭력적이고 억압적인 것으로 묘사하려고 한다.(그래서 항의 시위는 '폭동'이 된다.) 2015년, 미국에서 경찰의 잔혹성과 인종 불평등에 항의하는 '흑인의 생명도 소중하다Black Lives Matter' 운동이 대학 캠퍼스로 확산되었다. 이 운동은 미주리주 퍼거슨에서 시작됐는데, 여기에 처음 동참한 캠퍼스가 미주리대학이었다는 것은 놀라운 일이 아니다. '1950년을 기억하는 학생모임ConcernedStudent1950'은 미주리대학교가 인종차별 정책을 철폐했던 해를 상기시키기 위해 이름 붙인 미주리 학생운동의 명칭이었다.° 흑인 학생들이 일상적으로 맞닥뜨리는 인종 학대 사건들에 대처하는 것뿐만 아니라 문화와 문명을 오로지 백인 남성의 생산물로 나타내는 커리큘럼에 이의를 제기하는 것이 목표였다. 언론은 대체로 이러한 동기들을 무시했고, 항의하는 흑인 학생들을 성난 폭도로 묘사하면서, 대학이 과도한 진보적 정치로 물들었다고 보도하며 이 상황을 이에 대한 분노를 조장하는 기회로 이용했다.

파시스트 정치는 자율적인 반대 목소리를 지지하는 기관들의 신뢰를 훼손시키려고 한다. 그러한 목소리를 거부하는 언론과 대학으로 그 기관들을 대체할 수 있을 때까지 말이다. 한 가지 전형적인 방법은 위선에 대한 비난을 퍼붓는 것이다. 바로 지금, 오늘날의 우익운동은 대학들이 표현의 자유에 대해 위선적인 태도를 보인다고 비난하고 있다. 그들은 대학들이 표현의 자유를 가장 존중한다고 주장하지만 우익의 목소리에 대한 항의 시위를 캠퍼스에서 허용함으로써, 좌편향되지 않은 목소리를 억압하고 있다고 말한다. 최근에 캠퍼

° 1950년 미주리대학교는 아프리카계 미국인 학생의 입학을 처음으로 허가했다.

스의 사회정의운동에 대한 비판자들은 자신들을 항의 시위의 피해자로 만드는 효과적인 방법을 발견했다. 시위자들이 그들 자신의 표현의 자유를 부정하려 한다고 주장하는 것이다.

이러한 비난은 교실로까지 확대된다. 데이비드 호로위츠David Horowitz는 1980년대부터 대학과 영화 산업을 겨냥해 비판해온 극우운동가이다. 2006년, 호로위츠는 『교수들The Professors』이라는 책을 출판했는데, 그 책에서 그는 좌익과 진보적인 교수들의 목록을 만들어놓고 "미국에서 가장 위험한 101명의 교수들"이라는 이름을 붙였다. 그 교수들 중의 많은 수는 팔레스타인의 권리를 지지했던 사람들이었다. 2009년, 그는 "미국에서 가장 위험한 150개 수업"의 목록을 담은 또 다른 책 『일당독재 교실One-Party Classroom』을 출판했다.

호로위츠는 자신의 생각을 홍보하기 위해 수많은 단체를 만들었다. 1990년대에 호로위츠는 '개인의 권리 재단'을 설립했는데, 보수 성향의 '영 아메리카 재단'에 따르면, "대학 캠퍼스의 표현 규약에 맞서 싸우는 투쟁을 주도했다."고 한다. 1992년, 그는 월간 신문 『헤테로독시Heterodoxy』를 창간했는데, '남부 빈곤 법률 센터'에 따르면, "호로위츠는 많은 대학생들이 미국 학계에 깊게 자리 잡은 좌파들에게 세뇌되었다고 주장하면서 그들을 타깃으로 삼았다."고 한다. 또한 호로위츠는 2003년 도입 시에 '고등교육의 공정성과 포용성을 위한 운동'으로 불린 '학문의 자유를 옹호하는 학생모임'의 책임자이기도 하다. 영 아메리카 재단에 따르면, '학문의 자유를 옹호하는 학생모임'의 목표는 보수주의적인 세계관을 가진 교수들의 채용을 촉진하고, "미국 대학들의 지적 다양성과 학문적 자유"를 증진하는 것이라고 한다. 지난 수십 년간 호로위츠는 미국 극우파의 주변 인물에 지나지 않았으나, 최근에는 그의 전술과 목표, 수사법까지도 주류로 옮겨가면서, 캠퍼스에서의 '정치적 올바름'에 대한 공격이 일상화되고 있다.

트럼프 행정부는 호로위츠의 의제를 공격적으로 추진해왔다. 2018년 1월 26일, 미국 법무부의 법무차관보 제시 파누치오는 노스웨스턴대학교에서 대학 내 표현의 자유에 대해 다음과 같이 단언하며 연설을 시작했다. "몹시 중요한 주제인데요, 아마 여러분도 아시겠지만, 법무장관 세션스는 그 주제를 법무부의 우선 과제로 삼았습니다. 우리가 볼 때, 전국의 많은 대학들이 표현의 자유를 보호하고 증진하는 일에 실패하고 있기 때문에 그것은 우선적인 과제입니다."

트럼프의 대통령 선거운동은 때때로 '정치적 올바름'에 대한 장기적 공격으로 묘사된다.[1] 트럼프 행정부의 수사법, 특히 '정치적 올바름'에 대한 공격과 표현의 자유라는 수사법의 사용이, 대학들을 진보주의의 보루라며 공격하고 퇴출시키기 위해 등장한 자금력 있는 기관들의 주장과 겹치는 것은 우연이 아니다. 호로위츠의 주요 조직인 '데이비드 호로위츠 자유 센터(DHFC)'와 트럼프 행정부 간에, 특히 그 극우 구성원들 사이에는 여러 연결고리가 있다. 2017년 6월 발간된 『워싱턴 포스트』의 조사에 따르면, DHFC는 기성 워싱턴 정치를 불안정하게 만들어 극우 쪽으로 기울어지도록 하는 것을 목표로 하는 정치 인사들을 지원해왔다. 법무장관 제프 세션스, 수석정책고문 스티븐 밀러Stephen Miller, 스티브 배넌 등도 거기에 포함되어 있었다.[2] 기사에 따르면 2016년 12월 14일, 호로위츠는 좌파들을 표현의 자유의 적이라고 비난하면서 "트럼프의 승리에 대한 행복감을 표현했고 공화당이 마침내 깨어나서 자신의 정치를 시작하고 있다고 말했다."

호로위츠는 적어도 열한 명의 트럼프 행정부 구성원을 DHFC의 지지자로 꼽는데, 여기에는 마이크 펜스

부통령, 세션스, 배넌, 밀러 등이 포함된다. 호로위츠는 정당하게도 그들을 "나의 피후견인"이라고 말한다.(그 기사는 호로위츠가 밀러의 경력을 오랫동안 후원해온 사실을 보도한다.) 이 센터는 여러 해 동안 트럼프 행정부 고위 관료들의 경력에 깊숙이 관여해왔으며,『워싱턴 포스트』의 조사에 따르면 오랫동안 행정부 내 극우 인사들의 일종의 비공식 모임을 위한 장소 역할을 해왔다.

하지만 호로위츠가 표현의 자유를 들어 대학을 공격한 것에는 정당성이 결여되어 있다. 학문적 자유가 공식적으로 보호받고 있다는 점을 볼 때, 미국의 대학은 그 어느 직장보다도 더 많은 표현의 자유를 누리고 있다. 미국의 사기업에서 표현의 자유는 환상에 지나지 않는다. 노동자들은 갖가지 문제에 대해 말하는 것을 금지당하고 있고, 정기적으로 비밀유지 협약에 동의해야 한다. 대부분의 직장에서 노동자들은 소셜미디어에서 한 정치적 발언 때문에 해고될 수 있다. 표현의 자유가 유일하게 진정으로 보장되는 곳인 대학을 표현의 자유라는 이상을 사용하여 공격하는 것은, 익숙한 오웰식 프로파간다의 또 다른 예이다.

2017년 1월, 미주리주 하원의원 릭 브래틴Rick Brattin

은 과거 자신이 주 입법부에 발의했던, 미주리주의 모든 공립대학의 종신 재직권을 금지하는 법안을 개정하였다. 브래틴은 『고등교육 크로니클』과의 인터뷰에서 종신 재직권을 "미국적이지 않다."라고 말한 후, "뭔가 잘못되었고, 뭔가 망가졌어요. 우리의 아이들을 교육해 아이들이 더 나은 미래로 확실히 나아가도록 하는 데 집중해야 하는 교수가, 그러지는 않고, 관여해서는 안 되는 정치적인 문제에나 빠져 있습니다. 종신 재직권이 있기 때문에 그런 짓을 할 수 있는 것이죠. 그게 잘못된 겁니다."라고 덧붙였다.[3] 브래틴은 종신 재직권을 없앴을 때 학문의 자유가 훼손되고 교수들이 정치적 이유로 일자리를 잃게 될 수도 있다는 우려에 대해서는 어떻게 생각하느냐는 질문을 받자, 그런 자유는 다른 직업의 사람들한테도 없지 않느냐, 왜 학계가 특별한 경우여야 하느냐고 답했다.

학자들이 만들어내는 작업물에는 분야에 따라 정치적 함의가 있을 수밖에 없는 경우가 있다. 우익의 공격은 허용 가능한 연구의 선을 통제하려는 우익의 욕구를 분명히 드러낸다. 고전적인 스타일의 선동적 프로파간다에서는, 공적 이성과 공개적인 토론을 위한 기관들을 공격하는 전술이 바로 그러한 이상들로 자신을 감추고서 등장한다.

〰

    파시스트 정치인들은 자신들이 보기에 대학 내에서 너무 정치적이라고 (전형적으로는 너무 마르크스주의적이라고) 생각되는 교수들을 표적으로 삼고서 연구 분야 전체를 비난한다. 자유민주주의 국가에서 파시스트 운동이 전개되고 있을 때에는, 특정 학문 분야가 표적이 된다. 예를 들어, 젠더연구는 전 세계의 극우 민족주의 운동으로부터 맹비난을 받고 있다. 이 분야의 교수와 교사들은 국가의 전통을 무시한다고 비난받는다.

    파시즘이 위협을 가할 때에는 언제나, 그 대변자들과 조력자들은 대학과 학교를 '마르크스주의의 세뇌'의 원천이라고 비난하는데, 이는 파시스트 정치의 대표적인 겁주기 방식이다. 대개는 마르크스나 마르크스주의와 상관없이 쓰이는 이 표현을, 파시스트 정치는 평등주의를 비방하는 방법으로 사용한다. 아무리 작아도 소외된 관점들에 어느 정도 지적 공간을 주고자 하는 대학들이 '마르크스주의'의 온상이라고 비난을 받고 있는 까닭도 그 때문이다. 파시즘은 지배적인 관점에 관한 것이기 때문에, 파시즘 시기 동안에는 지배적 관점과는 다른 관점을 가르치는 학문들을 비난하는 인물이 강력한 지지를 얻게 된다. 미국의 경우에는 아프리카계 미국인 연구나 젠더연구, 또는 중동 연구 같은 분야가 그런 비난을 받는다. 지배적인 관점은 종종 진실로, 즉 '진짜 역사'로 둔갑하고, 대안적 관점을 위한 공간을 허용하려는 시도들은 모두 '문화적 마르크스주의'라는 조롱을 받는다.

젠더연구에 대한 파시스트의 반발은 특히 가부장적 이데올로기에서 비롯된다. 국가사회주의는 대개 여성운동과 페미니즘을 표적으로 삼았으며, 나치에게 페미니즘은 아리아 여성들의 다산을 파괴하기 위한 유대인의 음모였다. 차루 굽타는 페미니스트 운동에 대한 나치의 태도를 다음과 같이 적절히 요약한다.

[나치는] 여성운동이 독일 가계家系를 전복시키고 독일 민족을 파괴하려는 유대인들의 국제적인 음모의 일부라고 믿었다. 나치는 이렇게 주장했다. 여성운동이 여성들의 경제적 자립을 주장하면서 출산이라는 고유한 임무를 등한하도록 부추기고 있다. 그것은 평화주의, 민주주

의, 그리고 '물질주의'라는 여성적인 신조를 퍼
뜨리고 있다. 피임과 낙태를 장려하여 출산율
을 낮춤으로써, 그것은 독일 민족의 존재 자체
를 공격하고 있다.[4]

대학에 대한 파시스트의 공격에서는, 대학들이 여성
운동의 배후에서 나치 '유대인 음모'의 역할을 한다. 대
학들은 젠더연구를 지원함으로써 남성성을 전복시키
고 전통적 가정의 기반을 약화시킨다는 것이다.

러시아에서, 푸틴은 이 문제에 대해 공세를 취하여 대
학을 서구의 과도한 페미니즘에 대항하는 이념적 무기
로 용도 변경하고자 했다. 언론인 마샤 게센은 2017년
저작 『미래는 역사다: 러시아의 전체주의가 어떻게 러
시아를 되돌렸는가』에서, '미시간의 극보수주의 힐
스데일 칼리지'의 미국 역사학자 앨런 칼슨이 조직해
1997년 프라하에서 열린 '세계가족회의' 학회에서 어
떻게 러시아 대학의 반동성애·반페미니즘 의제가 생
겨났는지 묘사한다. 학회에는 많은 참석자가 있었다.
게센은 "학회 참석자 수에 고무된 주최자들은 '세계가
족회의'를 동성애자 권리, 낙태 권리, 그리고 젠더연구
에 맞서는 투쟁을 전담하는 영구적인 조직으로 만들었

다."라고 쓰고 있다.[5]

　학회에서 고무된 정책의 한 예로, 러시아 정부는 진보적 성향을 이유로 상트페테르부르크 유럽대학EUSP을 탄압했다. 러시아 당국은 수년 동안 이 대학을 폐쇄하려고 시도해왔으며, 2016년 교수 허가를 중단시켜 마침내 성공을 거두었다. 대학 측은 "이번 사찰은 비탈리 밀로노프Vitaly Milonov 의원의 공식 고발로 실시되었다."고 했다. 비탈리 밀로노프는 러시아의 극단적인 반동성애 입법에 책임이 있는 푸틴의 통합러시아당 소속이었다. 그는 대학에서 젠더연구를 가르치는 것에 대해서 우려를 표했다. 밀로노프는 『크리스천 사이언스 모니터』와의 인터뷰에서 "개인적으로 나는 그것이 역겹습니다. 그것은 가짜 학문이며 당연히 불법이라고 생각합니다."라고 말했다.[6] 헝가리나 폴란드에서도 젠더연구는 정치적 논쟁의 발화점이 되어 대학을 자유주의적 세뇌의 보루로 그리고자 하는 정치 지도자들의 분노를 샀다. 안드레아 페퇴Andrea Pető는 「참호로부터의 보고서: 헝가리에서 젠더연구 교육을 둘러싼 논쟁」이라는 연구에서, 헝가리 인적자원부 차관 벤체 레트바리가 젠더연구를 마르크스-레닌주의에 비유했다고 말한다.(역시나 마르크스주의는 파시스트 정권의 단골

악당이다.)

러시아와 동유럽에서와 같이, 미국 내 극우운동은 젠더연구를 노골적으로 공격한다. 2010년 노스캐롤라이나 주의회는 극우 성향의 '티파티Tea Party' 운동 소속 공화당원들이 장악했다. 공화당 주지사 팻 맥크로리Pat McCrory와 함께 그들은 유명 기관인 노스캐롤라이나대학교를 표적으로 삼았다. 새로 임명된 대학 이사회는 널리 존경받는 진보적인 총장 톰 로스를 해임했다. 맥크로리 주지사는 한 인터뷰에서 공립대학이 '젠더연구나 스와힐리어' 강좌를 가르쳐서는 안 된다고 말했다.(스와힐리어는 1억 4000만 명이 제1언어 또는 제2언어로 사용하고 있는 아프리카 언어이다.) 맥크로리는 "만약 여러분이 젠더연구를 수강하고 싶다면, 좋습니다, 사립학교에 가서 수강하세요."라고 덧붙였다.

어떤 사람들은 대학에는 모든 입장의 대변자들이 있어야 하며 노스캐롤라이나대학에서 이루어진 것과 같은 변화는 그저 반대되는 관점들에게 여지를 마련해 준 것뿐이라고 주장할 것이다. 이러한 주장들은, 자신의 입장이 정당성을 얻으려면 반대되는 입장들과 주기적으로 씨름할 필요가 있다는 근거에 기초하고 있다. 철학을 가르쳐본 사람이라면 누구나 설득력 있는 반대

입장과 대결하는 것이 종종 유용하다는 것을 알 것이다. 그리고 다양한 정치적 입장들에 대한 지적이고 정교한 옹호자들이 있는 것이 대학에 도움이 된다는 점도 의심의 여지가 없는 사실이다. 그렇지만 곰곰이 생각해보면, 앞선 사례들에서는 이러한 일반적 원칙이 딱히 그럴듯하지가 않다.

학문의 자유를 위해, 지구가 평평하다는 것을 증명하겠다는 연구자들도 대학 교수진에 넣어야 한다고 주장할 사람은 아무도 없을 것이다. 그러한 입장은 결정적인 과학적 연구를 통해 허황된 것이라고 이미 판정되었기 때문이다. 표현의 자유를 가장 열렬하게 옹호하는 사람일지라도 우리가 이 문제에 귀중한 대학 자원을 써야 한다고 주장하지는 않는다. 지구가 평평하다고 주장하는 이들을 교수진에 넣는 것은 오히려 객관적인 연구에 방해가 될 것이다. 이와 마찬가지로, 나는 교실이나 교수실에서 IS의 지지자들과 대면 토론을 하지 않고도, 별 탈 없이 정당하게 IS 이데올로기를 거부할 수 있다. 내가 유대인들이 유전적으로 탐욕적인 성향이 있다는 견해를 정당하게 거부할 수 있기 위해, 그러한 반유대적인 헛소리를 옹호하는 동료가 있어야 하는 것은 아니다. 또한 교수실에 그러한 목소리를 추가하는 것이 그러한 유독성 이데올로기를 반대하는 논증에 도움이 된다는 주장도 전혀 타당하지 않다. 그렇게 하면 의사소통이 와해되고 목소리 대결만 남아 지성적인 논쟁을 저해할 가능성이 더 크다.

그러나 파시스트 정치는 파시스트 신화들을 하나의 사실로 놓고서 연구할 수 있는 여지를 남긴다. 파시스트 이데올로기에서 교육체계의 기능은 신화적 과거를 미화하여 민족 구성원의 업적을 높이고 그에 속하지 않은 사람들의 관점과 역사를 흐리게 하는 것이다. 때때로 교육과정의 '탈식민지화'라고 불리는 과정에서는, 그동안 무시되었던 관점들을 포함하여 학생들이 역사의 행위자들을 전체적으로 볼 수 있도록 한다. 파시즘과의 싸움에서 이런 식으로 교육과정을 조정하는 것은 단지 '정치적 올바름'만을 위해서가 아니다. 우리가 사는 세계를 형성한 모든 이들의 목소리를 대변하는 것은 파시스트 신화에 맞서기 위한 필수적인 보호수단을 제공하는 일이 된다.

～～～

파시스트 이데올로기에서 학교와 대학의 교육목표

는 신화적 과거에 대한 긍지를 심는 것이다. 파시스트 교육은 위계적 규범과 민족적 전통을 강화하는 학문 분야를 찬양한다. 파시스트에게 학교와 대학은 국가적 또는 인종적 자긍심을 주입하기 위해 존재하는 것이며, 이를테면 (국수주의가 인종차별적인 성격을 띠게 된 경우에는) 지배적인 인종이 이룬 영광스러운 업적을 전하는 것이다.

맥크로리 주지사는 일반 교육과정에서 일부 수업을 빼야 한다는 제안을 멈추지 않았다. 그는 학생들이 더 나은 민주주의 시민이 되도록 돕는 사회학과 같은 과목들은 줄이고, 고용주들이 필요로 하는 유형의 기술 기반 교육에 더 집중할 것을 대학에 요구하기도 했다. 맥크로리는 노스캐롤라이나주의 부유한 세력가인 공화당 기부자 아트 포프Art Pope의 자금으로 운영된 포프 고등교육 정책 센터의 지원을 받았는데, 이는 노스캐롤라이나대학의 등록금 인상을 촉구해 성공을 거둔 기관이었다. 포프가 노골적으로 인정하듯이, 그러한 조치는 더 많은 학생들을 인문학과 사회과학에서 벗어나 '비즈니스 스킬'을 기를 수 있는 전공으로 유도할 것이었다.

포프 고등교육 정책 센터(현재의 제임스 G. 마틴 학문 혁신 센터)는 인간의 문화적 다양성을 더 잘 이해할 수 있게 하는 과목들을 폄훼하는 동시에, 백인 유럽인들의 문화적 성취를 강조하는 '그레이트 북스' 교육과정을 가르칠 것을 촉구한다.[7] 반민주주의적 체제에서 교육의 기능이 훈련된 순종적인 시민 배출이라는 사실을 알고 나면, 이러한 우선순위는 이해가 된다. 구조적으로 시민들은 협상력 없는 노동인구로 편입될 수밖에 없고 지배집단이 역사의 가장 위대한 문명 세력을 대표한다고 생각하도록 이데올로기적으로 훈련되어야 하는 것이다. 보수 성향의 인사들은 우파적 교육목표 추진 사업에 거액을 쏟아붓는다. 예를 들어, 일부 자료에 따르면, 우익 집권세력이 자금을 댄 미국의 보수 재단인 찰스 코흐 재단 하나만 해도 약 350개의 대학에서 보수 지향적인 프로젝트를 지원하기 위해 2017년 한 해에 1억 달러를 지출했다.[8]

파시스트 이데올로기에서는, 그것이 지지하는 지적 생활의 산물, 즉 문화·문명·예술은 오로지 선택된 민족의 구성원들로부터만 나온다. 만약 대학이 유럽 문화의 시금석만을 제공한다면, 대학은 백인 유럽인들이 인류 문명의 핵심을 이룬다고 시사하게 될 위험에 처하게 된다. '그레이트 북스' 프로그램의 팬들은 히틀러가 『나의 투쟁』에서 "오늘날 이 지구에서 찬탄하는 모든 것, 과학·예술·기술·발명은 오로지 소수의 민족들만이 만들어낸 창조적 산물이다. […] 이 문화는 바로 그들 덕분에 존재한다. […] 인류를 문화의 창시자, 보존자, 파괴자의 세 가지 범주로 나눈다면, 오직 아리안족만이 첫 번째 범주를 대표하는 것으로 여겨질 수 있다."라고 단언한다는 사실을 진지하게 생각해봐야 한다. 우리의 대학들은 그러한 파시스트 신화들을 퍼뜨리는 일에 부지불식간이라도 공모해서는 안 된다.

파시즘이 부상함에 따라, 학교와 대학을 민족주의나 전통주의적 이상에 동조하는 교사들로 채울 것을 공개적으로 요구하는 인물들도 여기저기서 등장하고 있다. 헝가리에서 벌어지고 있는 일은 전형적인 예이다. 빅토르 오르반은 권력을 잡자, 자유주의를 주입하는 장소라며 학교를 비난했다. 그는 이전에 지방 교육위원회의 감독하에 있던 학교 시스템을 국유화하고, 교사들이 '국익을 위해' 봉사하도록 만들기 위한 전문 기관을 도입하여 모든 교사를 의무적으로 가입시켰다. 새로운 국가의 핵심 교육과정은 반유대주의 헝가리 작가들의 작품을 권고했다. 학교에는 승마나 헝가리 민요와 같은 헝가리 민족의 찬란한 신화적 과거를 상기시키는 활동을 장려하라는 지시가 내려졌다.

형가리 최고 대학인 중앙유럽대학교(CEU)는 형가리 국가로부터 독립을 유지하고 있다. 오르반은 CEU를, 친이민 정서 등 자유주의적 보편주의 가치를 확산시키고 현지 형가리 학교들을 대체하려는 외국 기관으로 규정한다. 2017년 4월 형가리 의회는 CEU의 형가리 내 미국 대학 운영 자격을 박탈하고, 국가안보를 이유로 반이민 법안에 교직원과 학생들의 이동을 규제하는 내용을 추가했다. 결과적으로, CEU는 형가리에서 문을 닫아야 할지도 모른다.

민족주의적 목적을 위한 교육과정을 만들려는 유사한 노력들이 전 세계적으로 진행되고 있다. 2016년 실패한 쿠데타 이후, 레제프 타이이프 에르도안Recep Tayyip Erdoğan 터키° 대통령이 취한 첫 번째 조치 중 하나는 5000명 이상의 학장들과 학자들을 친민주주의 또는 친좌파 정서 혐의를 들어 터키 대학에서 해임하는

° 2022년 에르도안 대통령은 유엔에 국호의 영어 표기를 'Turkey'에서 'Türkiye'로 정정해달라는 요청을 했다. 유엔은 이를 수용하여 공식 문서에서 'Türkiye'로 표기하기로 결정했다. 한국에서는 외교부의 요청에 따라 국립국어원이 심의를 통해 '터키'에서 '튀르키예'로 공식 표기를 변경하였다. 그러나 그 외 다른 언어권에서 기존의 국호를 '튀르키예'로 바꾼 경우는 거의 없다. 국호 표기를 '튀르키예'로 바꾸게 된 데에는 바로 이 책에서 다루고 있는 민족주의 강화라는 정치적 이유도 깔려 있어, '튀르키예' 내부에서도 국호 표기 변경에 대해 논란이 있는 사정이다. 이 책에서는 언어의 역사성과 본문의 내용을 고려하여 '터키'라는 구 명칭을 사용한다.

것이었다. 투옥된 사람들도 많았다. 이스탄불 일디즈 공과대학교에서 해임된 이스메트 악차Ismet Akça 정치학 교수는 2017년 2월, 『미국의 소리』와의 인터뷰에서 "숙청된 사람들은 단지 민주적인 좌파 성향의 사람들이 아니라, 매우 뛰어난 과학자들, 뛰어난 학자들입니다. 그들을 숙청함으로써 정부는 이 나라 고등교육의 이념 자체를, 대학의 이념 자체를 공격하는 것입니다."라고 말했다.[9]

2017년 국민투표에서 승리한 뒤 거의 독재에 가까운 전권을 손에 쥔 에르도안은 학교를 위한 새로운 교육과정을 도입하였다. 그 목표는 세속적 이상들을 끌어내리고 종교적 이데올로기에 역행하는 진화론과 같은 과학 이론들을 제거하는 것이었다. 교육부는 터키 역사를, 케말 아타튀르크Kemal Atatürk 이래 터키 시민사회와 그 교육제도의 중심에 있던 세속적 자유주의의 이상을 반영하기보다는, "민족적 가치들"을 보호하기 위해 "민족적·도덕적 교육의 관점에서" 가르치게 될 것이라고 선언했다.

〰〰

극우 성향의 미국 인기 라디오쇼 진행자 러시 림보Rush Limbaugh는 정부, 학계, 과학, 언론을 기만의 네 기둥이라고 비난했다. "이 기관들은 이제 부패했고 속임수 덕분에 존재합니다. 그런 식으로 자신을 퍼뜨리고 그렇게 번창하는 겁니다."[10] 림보의 이 공격은 파시스트 정치가 어떻게 전문지식을 표적으로 삼아 조롱하고 평가절하하는지를 보여주는 완벽한 예가 된다. 자유민주주의에서 정치 지도자들은 그들이 대변하는 사람들뿐만 아니라, 정책에 대한 현실의 요구를 가장 정확하게 설명할 수 있는 전문가와 과학자들의 말에도 귀를 기울여야 한다.

반면에 파시스트 지도자들은 자문이나 토의 따위는 아무 소용이 없다고 보는 '행동파'이다. 프랑스의 파시스트 피에르 드리외 라 로셸은 1941년 에세이 「유럽인의 부활」에서 이렇게 쓴다. "그는 문화를 거부하는 그런 사람이다. […] 그는 이념의 가치를 믿지 않으며 따라서 어떤 주의도 거부한다. 행위의 가치만을 믿으며 어렴풋한 신화에 발맞추어 이런 행위를 수행하는 사람이다."[11] 대학과 전문가들이 퇴출되고 나면 파시스트 정치인들은 자기 마음대로 빚어낸 그들만의 현실을 자유롭게 만들어낼 수 있다. 림보는 "과학은 추방된 사회주의자들과 공산주의자들의 보금자리가 되어왔다."
라고 공언하며 수년 동안 과학을 공격해왔다. 기후과
학이 트럼프와 그의 행정부에 의해 무시되고 조롱받는
오늘날 미국 정치에서, 우리는 과학적 전문지식에 대
한 폄훼가 승리를 거두는 모습을 본다.

전문지식의 가치를 부정함으로써, 파시스트 정치인
들은 지적으로 세련된 논쟁을 필요 없는 것으로 만든
다. 현실은 우리가 그것을 나타내는 방식보다 항상 더
복잡하다. 과학 언어는 그것 없이는 보이지 않는 구별
을 나타내기 위해 훨씬 더 복잡한 용어를 필요로 한다.
사회적 현실은 적어도 물리적 현실만큼 복잡하다. 건
강한 자유민주주의에서, 구별을 나타내기 위한 풍부
하고 다양한 어휘를 가진 공공언어는 필수적인 민주주
의 기구이다. 그것 없이는 건강한 공적 담론이 불가능
하다. 파시스트 정치는 정치 언어의 질을 떨어뜨리고
저급하게 만들고자 한다. 그럼으로써 파시스트 정치는
현실을 가리고자 한다.

빅토어 클렘페러의 1947년 저작 『제3제국의 언어』
는 국가사회주의 언어의 메커니즘을 다룬다. 이 언어
를 그는 ('Lingua Tertii Imperii'를 줄여) LTI라고 부른다.
「구별되는 특징: 빈곤」이라는 제목의 3장은 다음과 같

이 시작한다. "LTI는 궁핍하다. 이 빈곤은 근본적인 것
이다. 마치 빈곤을 맹세하기라도 한 것 같다." 아돌프
히틀러는 공적 담론을 궁핍하게 만드는 것이 얼마나
중요한지 노골적으로 말한다. 그는 『나의 투쟁』의 프
로파간다에 관한 장에서 이렇게 쓴다.

> 모든 프로파간다는 대중적이어야 하며 그 지적
> 수준을 프로파간다의 대상이 될 사람들 중 가장
> 지능이 낮은 사람들의 수용 능력에 맞게 조정해
> 야 한다. 따라서 사로잡아야 하는 대중의 규모
> 가 클수록 정신적 고도를 낮추어야 한다. 대중
> 의 수용 능력은 매우 제한적이고, 이해력은 적
> 다. 반면에, 그들에게는 커다란 망각 능력이 있
> 다. 그렇기 때문에, 모든 효과적인 프로파간다
> 는 아주 적은 요점에 국한하여 슬로건의 형태로
> 제시되어야 한다.[12]

건강한 자유민주주의에서 언어는 정보의 도구이다.
파시스트 프로파간다의 목표는 단지 정책에 대한 활발
하고 복잡한 공적 논쟁을 조롱하고 비웃는 것만이 아
니다. 그런 가능성 자체를 제거하는 것이 그 목표이다.

클렘페러는 이렇게 말한다.

> 자유롭게 주장될 수 있는 모든 언어는 인간의 모
> 든 필요를 충족시키고, 감정뿐만 아니라 이성을
> 위해서도 봉사한다. 그것은 소통과 대화, 독백
> 과 기도, 탄원, 명령, 그리고 호소이다. LTI는 호
> 소의 목적을 위해서만 봉사한다. […] LTI의 유
> 일한 목적은 모든 사람들의 개성을 벗겨내고,
> 그들의 인격을 마비시키고, 특정한 방향으로
> 몰아가서 생각 없는 고분고분한 소 떼로 만들
> 고, 굴러가는 거대한 돌덩어리 속의 원자로 바
> 꾸어놓는 것이다. LTI는 대중적 광신의 언어인
> 것이다.[13]

연설의 목표는 지성을 설득하는 것이 아니라 의지를
흔드는 것이어야 한다는 점은 파시스트 정치의 핵심
신조다. 1925년 이탈리아의 파시스트 잡지에 실린 한
글에서 익명의 저자는 이렇게 쓴다. "파시즘의 신비주
의는 파시즘의 승리의 증거이다. 이성적 추론은 마음
을 끌어당기지 않는다. 감정이 끌어당긴다."[14] 『나의 투
쟁』의 「초기의 투쟁: 연설가의 역할」이라는 장에서, 히

틀러는 단순한 언어를 어리석다고 치부하는 것은 중대한 실수라고 썼다. 『나의 투쟁』 전반에 걸쳐 히틀러는 프로파간다의 목적이 공공영역에서 이성적인 논증을 비이성적인 두려움과 열정으로 대체하는 것임을 분명히 했다. 2018년 2월의 인터뷰에서 스티브 배넌은 "우리는 '적폐 청산', '힐러리를 감옥으로', '장벽을 쌓아라'로 당선되었어요. […] 이것은 순수한 분노였습니다. 분노와 두려움이 사람들을 투표장으로 이끄는 것이죠."라고 말했다.[15]

우리는 지금 전 세계적으로 극우운동들이, '마르크스주의'와 '페미니즘'을 전파하고 극우적 가치에 중심 자리를 내주지 않는다며 대학들을 공격하는 광경을 목격하고 있다. 세계 최고의 대학 시스템을 갖춘 미국에서조차 동유럽식의 대학 공격이 이어지고 있다. 언론은 학생들의 항의 시위를 공공질서에 대한 위협으로, 폭도들에 의한 폭동으로 왜곡 보도한다. 파시스트 정치는 공적 담론에서 대학의 지위를 격하하고, 학계를 지식과 전문성의 정당한 원천이 아니라 연구를 빙자해 좌파 이데올로기의 의제들을 퍼뜨리는 급진적 '마르크스주의자'와 '페미니스트'의 온상으로 평가절하한다. 파시스트 정치는 고등교육 기관의 격을 떨어뜨

리고 정책을 논의할 우리의 공동 어휘를 궁핍하게 만
듦으로써 논쟁을 단순한 이념적 갈등으로 격하시킨다.
이러한 전략을 통해 파시스트 정치는 정보 공간을 퇴
화시키고 현실을 가려버린다.

HOW
FASCISM
WORKS

프로파간다가 이상을 왜곡하는 데 성공하고 대학이
편향의 원천이라고 비난받아 훼손되면, 현실 자체가
의심을 받게 된다. 우리는 무엇이 진실인지에 대해 합
의에 이르지 못한다. 파시스트 정치는 이성적인 논쟁을
두려움과 분노로 대체한다. 그것이 성공했을 때 사람
들은 상실감으로 동요하게 되고, 이 상실에 책임이 있
다고 지목되는 사람들에 대한 불신과 분노가 커진다.
　파시스트 정치는 현실을 특정 개인이나 특정 정당의
발언으로 대체한다. 명백한 거짓말을 수시로 반복하는
일은 파시스트 정치가 정보 공간을 파괴하는 과정의
일부이다. 파시스트 지도자는 진실을 힘으로, 결국 무
의미한 거짓말로 대체할 수 있다. 세상을 한 사람으로

대체함으로써, 파시스트 정치는 우리가 공통의 기준으로 논증을 평가할 수 없게 만든다. 파시스트 정치인은 정보 공간을 파괴하고 현실을 무너뜨리기 위한 특정 기술을 가지고 있는 것이다.

〰

누구든 현재의 미국 정치, 혹은 현재의 러시아 정치, 혹은 현재의 폴란드 정치를 살펴보면, 음모론의 존재와 그 정치적 무게를 곧바로 감지할 수 있을 것이다.

음모론을 정의하는 일은 꽤 까다로운 작업이다. 철학자 줄리아 나폴리타노Giulia Napolitano는 음모론을 내집단의 이익을 위해 외집단을 '표적' 공격하는 것으로 이해해야 한다고 제안했다. 음모론은 그 표적물을 문제 있는 행위와 (주로 상징적으로) 관련 지음으로써 폄하하고 퇴출시키는 기능을 한다. 음모론은 보통의 정보처럼 기능하지 않는다. 때로는 너무 억지스러워 아무도 문자 그대로 믿을 수 있으리라고 기대할 수 없을 정도이니 말이다. 오히려 음모론의 기능은 그 표적의 신뢰성과 도덕성에 대한 막연한 의혹을 불러일으키는 것이다.

음모론은 주류 언론의 신용을 떨어뜨리기 위해 사용되는 중요한 장치이다. 파시스트 정치인들은 거짓 음모들을 취재하지 않는다는 이유로 언론을 편향적이라고 비난한다. 아마도 20세기의 가장 유명한 음모론은 『시온 장로 의정서 *The Protocols of the Elders of Zion*』를 둘러싼 것일 텐데, 이는 나치 이데올로기의 바탕이 되었다. 『시온 장로 의정서』는 마치 세계를 지배하기 위한 유대인들의 음모 지침서처럼 쓰여 있지만, 사실 20세기 초에 날조된 서적이다. 학자들은 그 책이 모리스 졸리Maurice Joly가 1864년에 낸 『마키아벨리와 몽테스키외의 지옥 대화 *A Dialogue in Hell Between Machiavelli and Montesquieu*』를 마음대로 표절한 것이라는 사실을 발견했다. 이 책은 자유주의를 옹호하는 몽테스키외와 전제정치를 옹호하는 마키아벨리가 지옥에서 벌인 논쟁의 형식을 띤 정치 풍자서이다. 전제정치를 옹호하는 마키아벨리의 논증은, 『시온 장로 의정서』에서 세계 지배에 힘을 쏟는 유대인 지도자라고 하는 '시온의 장로들'의 논증으로 변형된다. 이 책은 러시아 작가이자 신비주의자인 세르게이 닐루스Sergei Nilus의 1905년 책 『반그리스도 *The Anti-Christ*』의 부록으로 처음 출판된 것으로 보인다. 이어서 1906년에는 「음모, 혹은 유럽 사회 붕괴의 뿌리들」

이라는 제목으로 상트페테르부르크 신문에 연재되었고, 1907년 상트페테르부르크 청각장애인협회가 책으로 출판했다. 1920년대에는 전 세계적으로 수백만 부가 팔렸는데, 미국에서는 자동차 제조업자인 헨리 포드에 의해 1925년까지 50만 부가 대량 제작되어 배포되었다.

『시온 장로 의정서』에 따르면, 유대인들이 중심에 있는 전 세계적 음모는, 가장 저명한 주류 언론 매체와 세계경제 시스템을 장악하고 이를 이용해 민주주의, 자본주의, 그리고 공산주의를 퍼뜨리는 것이다. 그리고 이것들은 모두 유대인의 이익을 도모하려는 진짜 의도를 숨기는 연막이라고 한다. 히틀러와 괴벨스를 포함한 가장 유명하고 영향력 있는 나치 지도자들은 이 음모론이 사실이라고 굳게 믿었다. 나치의 글 여기저기서 우리는 국제 유대인의 음모를 비난하거나 언급하지 않았다는 이유로 이른바 '유대인 언론'을 비난하는 대목들을 찾아볼 수 있다.

2016년 미국 대선은 일련의 음모론으로 얼룩졌다. 이는 힐러리 클린턴 민주당 후보는 물론 무슬림, 난민을 포함한 몇몇 표적을 겨냥한 것이었다. 아마도 가장 희한한 음모론은 '피자게이트'였을 것이다. 이를 퍼뜨린 사람들에 따르면, 클린턴의 선거사무장인 존 포데스타에게서 유출된 이메일에는 워싱턴 D.C.의 한 피자 가게가 민주당 의원들을 상대로 아동 성매매 조직을 운영했으며 이에 대한 비밀 암호 메시지가 풀렸다는 내용이 있었다고 한다. 이 이론은 소셜미디어를 통해 유포되었는데, 내용이 이렇게 괴상한데도 놀랍게도 널리 받아들여졌다. 클린턴과 민주당에 대한 여러 괴상한 음모론들 중 하나였을 뿐인 이 음모론은 전국적으로 엄청난 관심을 받았는데, 단지 그 내용이 특이해서가 아니라 노스캐롤라이나 출신 남성인 에드거 매디슨 웰치가 가상의 성 노예들을 풀어주기 위해 실제로 총을 들고 피자 가게에 나타났기 때문이었다. 이 음모론의 목표는 민주당원들을 극단적인 타락과 연결시키는 것이었다.

코네티컷대학의 철학자 마이클 린치Michael Lynch는 음모론이 보통의 정보처럼 취급되려는 의도로 만들어진 것이 아니라고 주장하며 이를 뒷받침하기 위해 '피자게이트'를 예로 들었다. 린치는, 워싱턴 D.C.에 민주당 의원들을 위해 아동 성노예를 매매하는 조직이 운영하는 피자 가게가 있다고 만약 누군가가 믿는다면, 에드거 매디슨 웰치처럼 행동하는 것도 아주 합리적일 것이라고 지적한다. 그런데도, 막상 웰치의 행동을 대대적으로 **규탄한** 사람들은 '피자게이트' 음모론을 유포한 사람들이었다. 린치가 말하고자 하는 요점은 '피자게이트' 음모론이 보통의 정보로 취급되도록 의도된 것이 아니었다는 것이다. 음모론의 기능은 그들의 목표물을 음해하고 비방하는 것이지만, 반드시 그것이 진실이라고 대중을 설득하려는 것은 아니다. '피자게이트'의 경우, 이 음모론은 비아냥과 중상모략 수준에 머무르려는 의도였던 것으로 보인다.

도널드 트럼프는, 오바마 대통령이 케냐에서 태어났기 때문에 미국 대통령이 될 자격이 없다는 믿음인 '태생주의birtherism'라는 음모론을 검열했다고 언론을 공격해, 주류 정치의 주목을 받게 되었다. 트럼프는 2012년 5월 29일 CNN과의 인터뷰에서 울프 블리처와 CNN이 오바마를 위해 일하고 있기 때문에 이 문제를 다루지 않았다고 비난했다. 이와 대조적으로 폭스 뉴스는 트럼프의 음모론을 홍보하는 플랫폼 역할을 했다. 트럼프의 이 사례는 예외적인 것이 아니다. 음모론은 파시스트 정치의 명함이다. 음모론은 그것을 무시하는 사람들을 공격할 수 있는 도구이다. 그것을 다루지 않는 언론들은 편향된 언론으로 보이게 되고, 결국 그들이 다루기를 거부하는 바로 그 음모의 가담자로 보이도록 만들어진다.

음모론은 현실에 대한 인식에 영향을 미칠 뿐만 아니라 실제 사건의 흐름도 바꿀 수 있다. 폴란드의 집권 극우정당인 '법과 정의당'(PiS)은 자유민주주의 제도를 경멸하는 사회적 보수주의로 가장 잘 알려져 있다. 그러나 PiS가 음모론을 타고 정권을 잡았다는 사실은 폴란드 외부에서는 그리 자주 주목되지 않는다. 그 음모론은 도널드 트럼프를 미국 정치의 주류로 이끌어 결국 대통령직에 오르게 했던 '태생주의' 음모론만큼이나 기상천외한 것이었다.

2010년 4월 10일, 레흐 카친스키Lech Kaczynski 폴란드 대통령과 영부인, 폴란드군 총사령관, 국립은행 총재, 그리고 많은 다른 폴란드 정치 인사들을 태운 비행기가 러시아 스몰렌스크 공항에 착륙을 시도하던 중 추락했다. 대표단은 소련 비밀경찰이 2만 명 이상의 폴란드 장교단 일원들을 처형한 카틴 대학살 70주기 추모식에 참석하기 위해 가는 길이었다. 이 비행기 추락은 폴란드의 국가적 비극이었다. 사고 원인과 조종석 음성 녹음 기록을 조사한 러시아와 폴란드의 조사위원회는 사고가 조종사의 실수로 인한 것이라고 판단했다.

그러나 추락 직후, PiS의 주요 정치인들은 러시아와 폴란드 조사위원들의 공식 설명에 의문을 제기하기 시작했다. 사건 직후 PiS의 전략은 러시아 정부뿐만 아니라 폴란드 온건파 정부도 항공기 추락과 범죄 은폐 음모에 연루시키는 것이었다. PiS와 연계된 인사들은 이 추락 사건에 대해 20여 가지의 다른 음모론을 제기해 왔다. 주류 언론은 '스몰렌스크 종파'를 국가를 분열시키려는 음모론자들이라고 비난했는데, 음모론 유포자들은 이를 빌미로 되레 언론이 편향되었다고 헐뜯고 공격했다. PiS가 궁극적으로 의회에서 성공을 거두게 된 것은 이러한 음모론을 이용하여 국가의 주요 민주주의 기관과 정부와 언론에 대한 신뢰를 훼손시킨 덕분이었다.

파시스트 정치인들은 '진보 매체'가 우익 음모론의 논의를 검열한다며 '진보 매체'를 깎아내리는데, 이 기이한 음모론들은 자유민주주의 제도가 실제로는 거짓된 행동을 감추고 있는 허울이라고 주장한다. 음모론은 사회의 가장 피해망상적인 요소들에서 작동한다. 미국의 경우에는 (버락 오바마 대통령이 케냐에서 무슬림으로 태어났다는 '태생주의' 이론에서처럼) 외국인과 이슬람에 대한 공포가, 헝가리와 폴란드의 경우 반유대주의와 반공산주의가 그것이다. 이 음모론들의 목표는 광범위한 불신과 피해망상을 유발하여 '진보적' 매체를 검열하거나 폐쇄하고 '국가의 적'을 감옥에 가두는 것과 같은 과감한 조치를 정당화하는 것이다.

조지 소로스George Soros는 헝가리계 유대인 출신의 미국의 억만장자 자선가이다. 소로스의 자선단체인 '열린사회재단'은 그의 고향인 헝가리를 포함한 100여 개국가에서 민주주의를 구축하려는 노력에 깊이 관여해왔으며, 그의 후원은 헝가리의 대표적인 대학인 중앙유럽대학교의 설립으로 이어지기도 했다. 2017년 헝가리 총리 빅토르 오르반은 헝가리의 기독교적 정체성을 희석시키기 위해 헝가리를 비기독교인 이민자들로 채우려는 '소로스 계획'이 존재한다고 주장했다. 오르반 정부는 조지 소로스와 이른바 그의 계획에 반대하는 캠페인을 시작했다. 그는 많은 사람들이 노골적인 반유대주의적 묘사라고 느끼는 방식으로 소로스를 공격하는 광고판을 세우고 텔레비전 광고를 방송하기까지 했다. 물론, 이 유대인 금융업자가 비기독교인 이민자로 헝가리를 채울 계획을 가지고 있다는 증거는 없지만, 오르반 정부는 주류 언론에 그런 증거가 없다는 사실을 오히려 언론이 소로스에 의해 통제되고 있다는 증거로 간주한다. 실제로 현실을 조작하고 있는 사람은 사실 오르반인데 말이다.

아마도 20세기의 가장 위대한 전체주의 이론가인 한나 아렌트는 반민주주의 정치에서 음모론이 갖는 중요성에 대해 분명하게 경고하며, 『전체주의의 기원』에서 다음과 같이 쓴다.

> 신비로움은 주제 선택의 첫 번째 기준이 되었다. […] 이러한 종류의 프로파간다가 갖는 효과는 현대 대중들의 주요한 특징 중 하나를 보여준다. 그들은 보이는 것을, 자신이 경험하는 현실을 믿지 않는다. 그들은 자신의 눈과 귀를 신뢰하지 않고 상상력만을 신뢰하는데, 상상력은 그 자체로 일관되면서 보편적인 그 어떤 것에 의해서도 사로잡힐 수가 있다. 대중을 설득하는 것은 사실이 아니고, 심지어 만들어낸 사실조차 아니며, 그들이 속한 시스템의 일관성뿐이다. 반복이 […] 중요한 이유는 오로지 대중들에게 시간이 지나도 일관적이라는 확신을 주기 때문이다.[1]

음모론에 귀를 기울이는 사람들은 자기 자신의 경험을 쉽게 무시하기 때문에, 음모론이 거짓이라는 것이 입증되어도 딱히 신경 쓰지 않는다. 예를 들어보자. 2017년 6월 텍사스 주지사 그레그 애벗이 서명한 텍사스 하원 법안 45호 '미 법원을 위한 미국법'은 무슬림들이 이슬람 법을 텍사스주 안으로 들여오는 것을 막기 위한 것이었다. 무슬림들이 텍사스를 몰래 이슬람 공화국으로 바꾸려 한다는 것은 정말 있을 법하지 않은 일이다. 오바마 대통령이 실제로는 무슬림인데 미국 정부를 전복시키기 위해 기독교인 행세를 하고 있다는 가설처럼 말이다. 그럼에도 불구하고 이러한 음모 이론들은 효과가 있는데, 보통은 원한이나 외국인 혐오와 같은 감정들이 비이성적이라고 여겨지지만, 지금은 위협이 감지된 상황이니 그럴 만하다는 단순한 설명을 제공하기 때문이다. 오바마 대통령이 미국 정부를 전복하기 위해 기독교인인 척하는 비밀 무슬림이라는 생각은, 그가 대통령직에 올랐을 때 많은 백인들이 느꼈던 비합리적인 위협감을 합리화할 수 있게 한다. 무슬림들이 이슬람 법을 텍사스로 몰래 들여오려 한다는 생각은, 종교적 민족주의자들이 퍼뜨린 반이슬람 외국인 혐오증과 먼 나라에서 자행된 테러행위를 담은 IS의 프로파간다 동영상의 결합이 빚은 공포감을 합리화할 수 있게 한다. 일단 대중이 자신들의 비이성적인 공포와 원한에 대한 설명을 음모론의 위안에서 찾으면, 정치적 문제를 숙고할 때 이성의 인도를 따르지 않게 될 것이다.

~~~

마구잡이식 음모론을 퍼뜨리는 것은 파시스트 운동에 도움이 된다. 하지만 자유민주주의의 공론장에서 이성이 항상 승리하는 것이라면, 어떻게 그럴 수가 있을까? 진실은 결국 이념의 시장에서 승리를 거둘 것이기 때문에, 자유민주주의는 모든 가능성을, 심지어 거짓과 기이한 가능성까지도 다 발표하도록 장려해야 하지 않을까?

아마도 표현의 자유에 대한 가장 유명한 철학적 변호는 존 스튜어트 밀의 주장일 것이다. 그는 1859년 저서 『자유론On Liberty』에서 표현의 자유라는 이상을 옹호한다. 제2장 「사상과 토론의 자유」에서 밀은 설령 거짓인 의견이라 할지라도 그것을 침묵시키는 것은 잘못된 일임을 논증하는 일에 착수한다. 거짓인 의견을 침묵시키는 것은 잘못이다. 왜냐하면 지식은 오직 "[진리와] 오류의 충돌"에서 비롯되기 때문이다. 다시 말해, 참인 믿음은 열띤 논쟁과 불일치 그리고 토론의 시끄러움 속에서 승리를 거둠으로써 비로소 지식이 된다.

밀에 따르면 지식은 오직 반대 입장들을 심사숙고한 결과로서만 나타나며, 이는 실제 반대자들과의 토론이나 내부 대화를 통해 일어나야 한다. 이런 과정이 없다면 참인 믿음마저도 단순한 '선입견'으로 남게 된다. 우리는 거짓인 주장이나 음모론에 대한 옹호까지 모든 발언을 허용해야 하는데, 왜냐하면 그래야만 우리가 지식을 얻을 기회를 갖게 되기 때문이다.

옳든 그르든, 많은 사람들은 밀의 『자유론』을 '아이디어의 시장'이라는 주제와 연관 짓고 있는데, 이 시장은 간섭 없이 놔두면 거짓을 몰아내고 지식을 생산하게 된다는 것이다. 그러나 일반적으로 자유시장 개념과 같은 '아이디어의 시장'이라는 개념은 소비자에 대한 유토피아적 이해에 기반한 것이다. 아이디어 시장이라는 은유의 경우에는, 대화가 근거들의 교환에 의해 작동한다는, 즉 한쪽 당사자가 이유를 제시하면 상대방이 근거를 들어 반박하고 그렇게 결국 진실이 밝혀질 때까지 계속된다는 유토피아적 전제가 깔려 있다. 그러나 대화는 단지 정보를 전달하기 위해 사용되는 것만이 아니다. 대화는 관점을 가로막고, 두려움을 일으키고, 편견을 높이기 위해서도 사용된다. 1946년, 철학자 에른스트 카시러는 파시스트 정치가 독일어에 초래한 변화에 대해 다음과 같이 썼다.

만약 우리가 현대의 정치 신화와 그 신화의 사용법을 연구한다면, 우리는 그것들이 놀랍게도 우리의 모든 윤리적 가치들을 변화시켰을 뿐만 아니라 인간 언어에도 변형을 가져왔다는 것을 알게 될 것이다. […] 새로운 단어들이 만들어졌고, 심지어 오래된 단어들도 새로운 의미로 사용되었고, 의미의 깊은 변화를 겪었다. 이러한 의미의 변화는 이전에 기술적記述的, 논리적 또는 의미론적으로 사용되었던 이 단어들이 이제는 특정한 효과를 내고 특정한 감정을 자극하도록 정해진 마법의 말로 사용된다는 사실에 달려 있다. 우리의 평범한 단어들은 의미들로 가득 차 있다. 그러나 이 최신 유행 단어들은 감정과 폭력적인 열정으로 가득 차 있다.[2]

'아이디어의 시장'을 옹호하는 논증은 말이 "기술적, 논리적 또는 의미론적"으로만 사용된다는 것을 전제로 한다. 그러나 정치에서, 그리고 특히 파시스트 정치에서, 언어는 단순히 (또는 심지어 주로) 정보 전달에 사용되는 것이 아니라 감정을 불러일으키기 위해 사용된다.

표현의 자유를 옹호하기 위해 '아이디어의 시장' 모델을 이용하는 논증은, 한 사회가 비이성적인 원한과 편견의 힘보다 이성의 힘을 더 받아들이는 경향이 있을 때에만 유효하다. 그러나 만약 사회가 분열되어 있다면, 정치 선동가들은 공포를 심고 편견을 강조하며 혐오하는 집단에 대한 복수를 촉구하는 언어를 사용하여 그 분열 상황을 이용할 수 있다. 그러한 수사법을 이성적인 근거로 논박하려고 하는 것은 팸플릿으로 권총에 맞서는 것과 비슷하다.

밀은 헌신적인 반대자들 사이의 논쟁에서 지식이, 그리고 **오직 지식만**이 생겨난다고 생각하는 것 같다. 밀에 따르면 그러한 과정은 선입견을 없앤다. 밀은 틀림없이 '더 많은 질문'을 모토로 하는 러시아 국영 텔레비전 네트워크(RT)를 좋아할 것이다. 만약 밀이 맞다면, 네오나치에서부터 극좌까지 가능한 한 가장 넓은 정치적 스펙트럼의 목소리들을 방송에 담는 RT가 지식 생산의 패러다임이 되어야 한다. 그러나 RT의 전략은 지식을 생산하기 위해 고안된 것이 아니다. 그것은 오히려 기초 민주주의 기관들에 대한 신뢰를 떨어뜨리기 위한 프로파간다 기법으로 고안되었다. 그 결과 객관적인 진실은 목소리들의 불협화음 속에 묻혀버린다. 음모론을 양산하는 전 세계의 수많은 웹사이트들과 마찬가지로, RT의 효과는 사실 민주적 쟁론에 실제로 필요한 공유 현실을 불안정하게 만드는 것이었다.

그럼 밀이 어떤 점에서 틀린 것일까?

의견 불일치가 있기 위해서는 세계에 대한 일련의 전제들이 공유되어야 한다. 심지어 결투에도 규칙에 대한 합의가 필요하다. 당신과 나는 오바마 대통령의 의료보험 계획이 좋은 정책이었는지에 대해 의견이 다를 수 있다. 그러나 만약 당신이 오바마 대통령이 미국을 파괴하고자 하는 무슬림 비밀 스파이라고 의심하고 나는 그렇지 않다고 하면, 우리의 논의는 생산적이지 않을 것이다. 우리는 오바마의 보건정책의 비용과 혜택에 대해 이야기하는 것이 아니라, 그의 정책들 속에 기만적인 반민주적 의도가 감춰져 있는지에 대해 이야기하게 될 것이다.

러시아의 선전가들 또는 '정치 기술자'들은 RT를 위한 전략을 고안할 때, 진지한 의견들과 엉뚱한 이론들을 섞어서 불협화음을 내게 하면, 생산적인 탐구를 가능하게 하는 세계의 배경이 되는 기본 전제들을 훼손시킬 수 있다는 것을 깨달았다.(예컨대 저명한 복음주의 미디어 인사인 토니 퍼킨스가 2014년 10월 29일 자신의 라디오 프로그램 '워싱턴 워치'에서 시사한 대로[3]) 기후변화를 말하는 과학자들에게 동성애를 지지하는 숨은 의도가 있다고 믿는 사람은 기후정책에 대해 합리적인 논의를 거의 할 수 없을 것이다. 모든 의견을 공론장에 허용하고 진지하게 고려할 시간을 주는 것은, 숙의를 통한 지식 형성으로 이어지는 과정을 낳기는커녕, 바로 그 가능성 자체를 파괴한다. 책임의식이 있는 자유민주주의의 언론이라면 이러한 위협 앞에서 진실을 보도하려고 노력하고, 누군가 주장한다고 해서 허황된 이론까지 모두 다 보도하려는 유혹에 저항해야 한다.

～～～

음모론이 정치의 일부가 되고 주류 언론과 교육 기관이 불신임될 때, 시민들은 민주적 숙의의 배경이 될 공통의 현실을 더 이상 갖지 못한다. 이런 상황에서 시민들은 진실이나 신뢰성 외에 그들을 인도할 다른 표지를 찾을 수밖에 없다. 우리가 전 세계에서 볼 수 있듯이, 이러한 경우에는 시민들이 집단적 동질감 확인과 개인적인 불만 해소, 그리고 오락적 여흥을 정치에서 기대하는 일이 벌어진다. 뉴스가 스포츠가 되면 독재자가 어느 정도 인기를 얻는다. 파시스트 정치는 뉴스를 이성적인 토론과 정보 전달의 통로에서 독재자가 스타로 등장하는 구경거리로 바꾼다.

우리가 앞서 본 바와 같이 파시스트 정치는 언론과 대학에 대한 신뢰를 떨어뜨리려고 한다. 그러나 건강한 민주주의 사회의 정보 영역에는 민주적인 제도만 있는 것이 아니다. 막연한 의심과 의혹이 확산되면 동료 시민들 사이에 상호 존중의 유대가 약화되고, 기관뿐 아니라 서로에 대한 불신의 골이 깊어진다. 파시스트 정치는 건강한 자유민주주의의 토대가 되는 시민들 사이의 상호 존중의 관계를 파괴하고 궁극적으로 단 하나의 인물, 즉 지도자에 대한 신뢰로 대체하려고 한다. 파시스트 정치가 가장 성공적일 때, 추종자들은 지도자를 유일하게 신뢰할 수 있는 사람으로 여긴다.

2016년 미국 대선에서 도널드 트럼프는 노골적으로

거짓말을 거듭했고, 오랫동안 신성시되어온 자유주의적 규범을 공공연히 무시했다. 미국 주류 언론은 그의 많은 거짓말을 의무적으로 보도했다. 그의 상대인 힐러리 클린턴은 상호 존중이라는 자유주의적 규범을 따랐다. 그녀가 상대방의 지지자들 중 일부를 "개탄스러운 인간들"이라고 불러 이러한 규범을 한 번 어기자, 그런 위반이 끝없이 자신의 면전으로 되돌아오는 일을 겪어야 했다. 그럼에도 불구하고, 미국인들은 계속해서 트럼프가 더 진실한 후보라고 생각했다. 공적 담론에 부적합한 충격적인 정서에 목소리를 줌으로써, 트럼프는 솔직한 말을 하는 사람으로 받아들여졌다. 이런 식으로 고전적인 선동적 행태를 드러내 보이면, 정치인은 명백히 부정직한 경우에서조차 더 진실한 후보자로 보이게 될 수가 있다.

이런 종류의 정치는 민주주의가 특정한 조건하에 있을 때 발생할 가능성이 높다.[4] 프로파간다로 의미를 왜곡하는 또 다른 방식은, 정치인들이 공공선을 대놓고 공격함으로써 자신이 공공선의 대변자라는 메시지를 전달하는 것이다. 최근 미국 정치체제에서 이러한 조건이 어떻게 생겨났는지를 살펴보면, 이 당혹스러운 상황이 어떻게 가능한지를 이해할 수 있을 것이다.

제임스 매디슨James Madison은 「연방주의자 논문 10호」에서 미국은 대의민주주의의 형태를 취해야 하며 민주주의적 가치를 가장 잘 대변하는 지도자를 선출해야 한다고 논증했다. 선거운동은 모든 시민들의 공동 이익을 도모하고자 노력하는 후보들을 내도록 되어 있다. 하지만 두 가지 요인이 대의 민주주의가 제공해야 할 보호를 잠식해왔다. 첫째, 후보자들은 (2010년 미국 대법원이 '시민연합'의 손을 들어준 이후) 공직에 출마하기 위해 엄청난 돈을 모아야 한다. 결과적으로, 후보자들은 거액의 기부자들의 이익을 대변한다. 그러나 민주주의에서 그들은 또한 자신들이 공공의 이익을 대표한다는 것을 보여주려고 노력해야 한다. 그래서 자신들의 선거운동에 자금을 대는 다국적 기업들의 이익이 또한 공공의 이익인 척해야 한다.

둘째, 일부 유권자들은 민주적 가치를 공유하지 않는데, 정치인들은 그들에게도 호소해야 한다. 커다란 불평등이 존재할 때, 문제는 더 심각해진다. 일부 유권자들은 특정한 종교, 인종, 성별 또는 출생지를 선호하는 시스템에 더 끌린다. 기대가 충족되지 못해 생겨난 분노는, 지배적인 전통을 공유하지 않는 것으로 보이는 소수집단에게 향할 수 있다. 선동적인 정치인들은 이 소수자들에게 가는 재화가 제로섬 방식으로 다수 집단으로부터 빼앗은 것이라고 말한다. 일부 유권자들은 자신들의 기대가 충족되지 못한 책임이 경제 엘리트들의 행동에 있는 것이 아니라 이러한 소수집단에게 있다고 여긴다. 후보들은 이러한 유권자들을 끌어들이면서도 민주주의적 가치에 어긋나지 않는 것처럼 보여야 한다. 결과적으로 많은 정치인들은 공화당의 '남부 전략'에서처럼, 반대 집단의 관점을 배제한다는 비난을 피하기 위해 원한을 이용하는 코드화된 언어를 사용한다. 레이건의 백악관 고문이었던 (이후 1988년 선거에서 승리한, 조지 부시의 선거본부장이었던) 악명 높은 공화당 정치 전략가 리 애트워터는 1981년 정치학자 알렉산더 라미스와의 인터뷰에서 인종차별주의적 의도는 갈수록 덜 드러나게 만들어야 한다고 설명했다.

1968년부터는 '검둥이'라고 말하면 안 됩니다. 역효과가 나서 불리해지거든요. 그래서 우리는 강제 인종통합버스, 주의 권리 같은 것을 말하고, 모든 게 다 추상적으로 되어가죠. 지금 우리는 감세에 대해 이야기하고 있고, 이야기하고 있는 게 모두 다 완전히 경제적인 것 같지만, 그

한 가지 부산물은 흑인들이 백인보다 해를 더
입게 된다는 겁니다.[5]

이와 같은 전술이 존재한다는 것은 비밀이 아니다. 그
래서 많은 유권자들은 미국 정치에 진정성이 부족했다
고 믿는다. 그리고 그것을 지긋지긋해한다. 그들은 소
신 있고 정직한 정치인들을 갈망한다. 그들은 정치인
들이 있는 그대로 말하기를 원한다. 그리고 그들은 심
지어 같은 가치관을 공유하지 않더라도 그러한 후보들
을 선택하고자 한다.

하지만 정치인들은 어떻게 자신이 위선적이지 않다
는 신호를 보낼 수 있을까? 특히 유권자들이 (진짜건 아
니건) 위선의 두터운 층에 너무나 익숙해져 있을 때 말
이다.

위선에 대한 광범위한 혐오감에 후보들이 대처하는
한 가지 방법은 자신을 민주적 가치의 옹호자로 내세
우는 것이다. 민주주의 문화에서 그러한 후보들은 이론
적으로야 가장 매력적일 것이다. 그러나 특정 정치 환
경에서는 이러한 전략이 그다지 유망하지가 않다. 불신
이 만연한 환경에서 자신을 공익의 진정한 대변자로 내
세우는 것은 매우 어려운 일이다. 인종평등이나 성평등

과 같은 민주적 가치를 거부하는 유권자나, 불평등이 존재한다는 사실을 그냥 부정하는 유권자들에게는 호소력이 없다. 그리고 스스로를 민주적 가치의 옹호자로 내세우는 후보들 간에도 그러한 가치를 지지하는 유권자들의 표를 얻기 위한 치열한 경쟁이 있다.

그러나 같은 전략을 추구하는 다른 후보들과 경쟁할 필요 없이, 정치인이 진실하게 보일 수 있는 방법이 하나 있다. 변명 없이 분열과 갈등 쪽에 판돈을 거는 것이다. 예를 들어 그러한 후보들은 무슬림과 무신론자들보다는 기독교인들, 이민자들보다는 미국 본토인, 흑인보다는 백인들, 가난한 사람들보다는 부자들을 공개적으로 편들 수도 있다. 노골적으로 뻔뻔스러운 거짓말을 할 수도 있다. 간단히 말해서, 신성불가침한 정치적 가치로 받아들여지는 것들을 공개적으로 대놓고 거부함으로써 진실한 사람이라는 신호를 보낼 수 있는 것이다.

그러한 정치인들은 현실적 위선과 상상된 위선에 지배되는 것처럼 보이는 정치 문화에 신선한 공기를 불어넣을 것이다. 그들은 자신이 끌어들이려는 유권자들이 싫어하는 집단을 대놓고 표적으로 삼아서 이른바 자신의 진정성을 증명한다면 특히 설득력을 갖게 될 것이다. 민주적 가치에 대한 그러한 공공연한 거부는 정치적 용기로, 진정성의 신호로 받아들여질 것이다. 플라톤이 민주주의의 자유에서는 수완 좋은 선동가가 등장하여 그러한 자유를 이용해 현실을 갈기갈기 찢어 버리고 자신을 그 대신으로 내세우는 일도 일어날 수 있다고 말한 것은 일리 있는 지적이었다.

플라톤과 아리스토텔레스가 이 주제에 대해 쓴 이후로, 정치 이론가들은 불평등에 의해 오염된 토양에서는 민주주의가 번창할 수 없다는 것을 알고 있었다. 문제는 단지 분열로 인해 생겨난 원한이 선동가의 매력적인 표적이 되고 있다는 것만이 아니다. 더 중요한 점은 극단적 불평등은 건강한 자유민주주의를 위해 필요한 공유 현실에 치명적인 위험을 초래한다는 것이다. 불평등으로부터 이익을 얻는 사람들은 종종 자신들의 특권이 우연적인 것임을 깨닫지 못하게 하는 어떤 환상에 사로잡히게 된다. 불평등이 특히 극심해지면, 이러한 환상은 전이되는 경향이 있다. 독재자나 왕 또는 황제 중에 자신이 그 자리에 앉게 된 것은 신들이 자기를 선택했기 때문이라고 생각하지 않았던 사람이 있을까? 민족적 우월성이나, 종교, 문화, 생활방식의 우월성, 즉 제국주의적 팽창과 정복을 정당화할 우월성에 대한 망상에 사로잡히지 않았던 식민지 권력이 있었을까? 남북전쟁 전 미국 남부의 백인들은 노예제도가 노예들에게 큰 선물이라고 믿었다. 남부 농장주들이 도망치거나 반항하려는 노예들을 가혹하게 대한 것은, 그러한 행동이 배은망덕이라는 확신에서 비롯된 것이었다.

극심한 경제적 불평등이 자유민주주의에 독이 되는 까닭은, 그것이 현실을 가리는 망상을 낳고, 사회 분열을 해소할 공동 숙의의 가능성을 훼손하기 때문이다. 커다란 불평등으로부터 이익을 얻는 사람들은 자신들이 특권을 가졌다고 믿는 경향이 있는데, 이런 망상 때문에 그들은 현실을 있는 그대로 보지 못하게 된다. 위계적 구조로부터 분명한 혜택을 받지 못하는 사람들조차도 혜택을 입고 있다고 믿게 만들 수 있다. 그래서 인종차별을 이용해 함정에 빠뜨리면, 미국의 가난한 백인들이 어쩌다 보니 피부색이 같을 뿐인 사치스러운 부자 백인들의 세금 감면을 지지하게 되는 것이다.

자유주의적 평등은 권력과 부의 수준이 다르더라도 모든 사람은 동등한 가치가 있다고 여겨지는 것을 의미한다. 원칙적으로 자유주의적 평등은 그 정의상 경제적 불평등과 양립할 수 있다. 하지만 경제적 불평등이 극심해지면, 불평등을 유지하기 위해 필요한 신화는 자유주의적 평등도 위협할 수밖에 없다.

극도의 물질적 불평등의 조건에서 생겨나는 신화는 공적 담론을 위한 고유의 공동 심판을, 즉 세계 자체를 무시하는 것을 정당화한다. 현실을 완전히 파괴하기 위해, 파시스트 정치는 평등이라는 자유주의적 이상을 그 반대로 대체한다. 그것은 바로 위계다.

HOW

FASCISM

WORKS

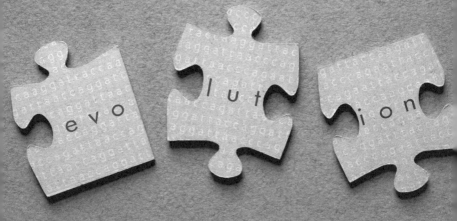

인간의 운명은 평등하지 않다. 인간은 건강과 부, 사회적 지위 또는 그 밖의 것들에서 서로 다르다. 단순한 관찰만으로도 알 수 있는 것은, 그런 모든 상황에서 더 혜택을 누리고 있는 사람은 어떤 식으로든 자신의 지위를 '정당한' 것으로, 자신의 특권을 '자격 있는' 것으로, 그리고 다른 이들의 불이익을 그들의 '잘못'에 의해 초래된 것으로 볼 필요성을 끊임없이 느낀다는 사실이다. 그 차이가 순전히 우발적인 원인 때문이라는 것이 아무리 명백하다고 해도, 여전히 그러하다.

— 막스 베버, 『경제와 사회』(1967)

법 앞의 평등이라는 자유 시민권의 역사는 모든 인종·종교·성별을 점차 포괄하면서 일반적으로 확대되어 왔다. 정치철학 분야에서도 그러했다. 예를 들어, 장애 이론가들의 영향을 받은 철학자들은, 대부분의 상황에서 정치적 판단을 할 수 없는 사람들까지도 포함하도록 인간의 존엄성에 대한 개념을 확장했다. 21세기에 들어 대부분의 자유주의 사상가들은 신체적 고통을 겪고, 감정을 느끼고, 여러 가지 방식으로 정체성과 공감을 표현하는 능력까지도 포함하여 보편적인 인간의 지위와 존엄성의 의미를 폭넓게 받아들였다.

반대로, 파시스트 이데올로기가 보기에, '자연'은 자유민주주의 이론이 전제하는 평등한 존중과 단적으로 모순되는 권력과 지배의 위계를 부과한다.

위계는 파시스트 정치가 손쉽게 악용하는 일종의 집단 망상이다. 사회심리학의 주요 분야인 '사회지배 이론'에서 짐 시다니우스와 펠리시아 프라토는 이러한 망상을 '정당성 신화'라는 이름으로 연구했다.[1] 이전 15년간의 사회지배 이론에 대한 문헌을 검토한 2006년 논문의 첫 구절은 다음과 같다.

한 사회의 정부 형태, 근본적인 신념 체계의 내

용 또는 사회·경제적 장치들의 복잡성에 관계
없이, 인간 사회는 집단 기반의 사회적 위계로
조직되는 경향이 있어서, 그 위계 내에서 적어
도 한 집단이 다른 집단들보다 더 큰 사회적 지
위와 권력을 누린다.[2]

그래서 파시스트 이데올로기는 사회를 위계적으로
조직하려는 인간의 경향을 이용하고, 파시스트 정치인
들은 그들이 생각한 위계질서를 불변의 사실로 정당화
하는 신화를 대변한다. 그들이 위계를 정당화하는 원
리는 자연 그 자체이다. 파시스트에게 평등 원칙은 자
연법칙을 부정하는 것이며, 자연법칙은 특정 전통, 즉
더 강한 자들의 전통을 다른 전통보다 우선시한다. 자
연법칙은 남성을 여성보다, 파시스트의 선택된 민족의
구성원을 다른 집단들보다 우선시한다는 것이다.
파시스트의 글에서 자연은 반복적으로 소환된다.
1861년 3월 21일, 남부연합의 부통령인 알렉산더 H. 스
티븐스Alexander H. Stephens는 '초석 연설Cornerstone Speech'
로 알려진 연설을 했다. 이 연설에서 그는 미국 헌법에
명시된 자유와 평등의 원칙이 자연법칙의 위반이라고
비난한다.

우리의 새 정부는 [평등에] 정확히 반대되는 생각에 기초하고 있습니다. 흑인은 백인과 동등하지 않다는 위대한 진리에 토대를 두고 초석을 놓은 것입니다. 노예가 우월한 인종에 종속되는 것은 자연스럽고 정상적인 상태인 것이지요.[3]

초석 연설은 자유민주주의 원칙이 자연과 상충하므로 그 원칙을 버려야 한다는 특유의 파시스트 논리를 생생하게 보여준다.

언젠가 북부 주 출신의 아주 강하고 유능한 한 신사가 하원에서 했던 인상적인 연설이 생각납니다. 우리 남부는 결국 노예제라는 이 문제에 대해서 항복할 수밖에 없을 것이라고, 정치에서 어떤 원리에 맞서 싸워 이기는 것은 물리학이나 역학에서처럼 불가능하다는 것이었습니다. 그 원리가 결국 우세하게 될 것이라고 말입니다. 우리가 지금 이런 형태의 노예제를 유지하고 있는 것은, 사실 하나의 원리에 맞서 전쟁을 하고 있다는 겁니다. 자연에 기반을 둔 원리, 즉 인간의 평등에 대한 원리라고 말입니다. 저는 그에게 이렇게 대답했습니다. 당신이 말한 바로 그 근거에 따라, 우리는 궁극적으로 승리할 것이고, 당신과 당신 동료들은 우리의 제도에 대항하는 이 십자군 원정에서 결국 실패할 것이라고 말입니다. 물리학이나 역학에서와 같이 정치에서 원리에 맞서 싸워 이기는 것은 불가능하다는 진리에는 저도 동의했습니다. 그러나 또 이렇게 말했습니다. 원리에 맞서 전쟁을 벌이고 있는 것은 바로 당신이며, 당신과 함께 행동하고 있는 그 사람들이라고 말입니다. 그들은 창조주께서 불평등하게 만드신 것들을 평등하게 만들려고 시도하고 있었던 것이니까요.

스티븐스는 남부연합이 "우리의 새 건축물의 진정한 '초석'이 되는" 자연의 법칙에 "엄격히 순응하는 원리에 기초하고 있다."라고 선언한다. 스티븐스는 인종적 열등이라는 불평등을 부정하는 사람들을 "진리의 영원한 원리"를 거부하는 "광신자"라고 비난한다. 남부연합은 히틀러의 제3제국과 마찬가지로 인종적 위계의 원리인 '자연의 귀족정 원리'를 수호하기 위해 결성

되었다.

대학 내에는 여전히 지능이나 폭력 성향 같은 측면에서 인종 간의 유전적 차이에 대한 '합리적 근거가 있는 담론'을 요구하는 강한 목소리가 남아 있다. 그 속에서는 인종평등에 대한 확고한 신념을 가진 노예제 폐지론자들을 스티븐스가 비이성적인 '광신자'로 규탄했던 연설의 메아리가 선명히 들려온다. 개빈 에반스Gavin Evans는 2018년 3월 『가디언』의 기고문 「인종과학의 반갑지 않은 부활」에서 정치학자 찰스 머레이Charles Murray와 하버드의 심리학자 스티븐 핑커Steven Pinker와 같은 인물을 통해 어떻게 "인종과학이 주류 담론에 스며들고" 있는지 설명하고 있다.

에반스에 따르면, 2005년 핑커는 "아슈케나지 유대인들은 선천적으로 특별히 똑똑하다."라는 견해를 대중화하기 시작했다. 에반스는 이 견해를 "인종과학의 웃는 얼굴"이라고 말한다. 아슈케나지 유대인들이 선천적으로 특별히 똑똑하다고 주장하는 것은 독자들이 다른 집단의 '선천적 지능'에 대한 결론들을 이끌어내도록 유도한다. 2007년 온라인 출판물 『디 엣지The Edge』에 기고한 글에서 핑커는 '정치적 올바름'이 연구자들이 '위험한 생각'을 연구하지 못하게 했다고 비난한다.

여기에는 "여성은 평균적으로 남성과 다른 적성과 감정을 가지고 있을까?", "아슈케나지 유대인들은 그들의 조상이 금융 대부업에 필요한 꼼꼼함이라는 능력 면에서 엄선된 사람들이었기 때문에 비유대인들보다 더 똑똑할까?" 그리고 "흑인 남성의 테스토스테론 레벨이 백인 남성보다 평균적으로 더 높을까?" 등의 질문이 포함되어 있다. 이런 종류의 글쓰기의 문제는, 불평등의 원천을 자연에서 찾고자 하는 사람들을, 평등에 대한 가슴의 호소를 이성에 따라 거절하는 용감한 진실 추구자처럼 묘사한다는 것이다. 이런 연구는 기껏해야 의심쩍은 것으로 밝혀졌을 뿐이다. 그런데도 스티븐스가 사실로 지목한 불평등의 자연적 원천에 대한 탐구는 마치 성배를 찾는 일처럼 어떻게든 계속되고 있다.

파시스트들은 가치에 대한 자연적인 위계가 실제로 존재하며, 그것이 존재한다는 사실 때문에 평등한 존중에 대한 의무는 근거가 약할 수밖에 없다고 주장한다. 우리는 이런 종류의 평가를 2016년 미국 대통령 선거에서 도널드 트럼프를 지지한 많은 백인들의 말에서도 볼 수 있다. 그들은 정부 의료 보조금의 '무자격' 수령자라는 사람들에 대한 경멸을 자주 표하는데, 이 말은 보통 흑인 동료 시민들을 가리켰다. 트럼프는 대통령 선거에 출마하면서 미국인들을 인종에 따라 등급을 매겨 가치의 위계를 세우는 오랜 역사를 이용했는데, 그것은 '유자격' 대 '무자격'이라는 구별이었다.

기자들이 '유자격'과 '무자격' 사이의 구별을 정당화하는 근거를 요구할 때, 그러한 어휘를 사용하는 미국인들은 일단 인종차별의 언어보다는 '근면한' 대 '게으른'이라는 말에 손을 뻗는다. 그러나 이것으로는 동료 시민들을 그러한 범주로 나누는 것을 정당화하기 어렵다. 첫째, 미국에서 인종차별은 흔히 게으름을 흑인과 연관 짓는 형태를 취해왔다. 그러한 언어는 항상 인종적 위계로 구분을 짓기 위한 코드였다. 둘째, 근면에 대한 추정된 능력으로 가치를 측정하는 것은 자유민주주의의 개념을 혼동하고 있음을 보여준다. 근면을 통해 기본적인 평등한 존중을 얻는다는 생각은 자유민주주의 이론에 속하지 않는다. 자유민주주의를 뒷받침하는 생각은 우리 모두가 사회의 기본적 재화를 평등하게 누릴 자격이 있다는 것이다.

지능과 자제력의 수준에 따라 집단들 사이에 고유한 차이가 존재한다는 것을 받아들이면서, 그래도 모든 사람들이 평등한 존엄의 가치를 갖는다고 생각하면 되지 않느냐고 주장하는 사람도 있을 것이다. 그러나 역사는, 집단들 사이에 체계적인 차이가 존재한다고 믿으면서 다른 집단들에 대한 동등한 대우를 옹호하는 것이 얼마나 어려운지에 관한 분명한 사례들을 우리에게 보여준다. 1920년 에세이 「남성의 지배에 대하여」에서 W. E. B. 듀보이스는 정책 결정에서 여성에게 평등한 발언권을 주지 않는 것에 대해 다음과 같이 쓰고 있다.

여성은 여성의 종속에 대한 끈질긴 이론 때문에, 그리고 남편이나 다른 남성들이 여성의 이익을 생각할 것이라는 주장 때문에 현대 민주주의에서 배제되어왔다. 자, 분명 대부분의 남편, 아버지, 그리고 형제들은, 그들이 여성의 필요를 알아차리거나 어떻게 해야 할지 아는 한에서는 여성을 돌볼 것이다. […] 이 배제된 지혜가 우리에게 얼마나 절실히 필요한지를 깨닫기 위해서는, 세계 방방곡곡의 성별 간의 불만족스러운 관계와 아이들의 문제를 살펴보기만 하면 된다.[4]

이러한 사례들은 인지능력이나 자신의 행동을 통제하는 능력에서 집단 간 유전적 차이가 존재한다고 믿으면서, 모든 인간이 평등한 가치를 갖는다는 윤리적 원칙을 유지하는 것이 얼마나 어려운지를 시사한다. 어느 누구도 현실과의 대질을 통해서 성별, 인종 또는 민족 사이의 위계적 차이를 믿게 되지는 않았을 것이다. 수 세기 동안 종교적 칙령이나 과학적 조사를 통해 위계를 확증하려는 시도를 해왔음에도 불구하고, 그러한 위계가 존재한다는 설득력 있는 증거는 없다. 지능과 자기통제력의 인종적 위계를 끈질기게 옹호하는 논증을 하면서, 자신은 불평등한 도덕적 결과나 정치적 결과에 대해서는 아무 관심이 없다고 말하는 사람들은 그릇된 방향으로 가기 십상인 것이다.

~~~

물론, 가치의 위계를 확립하는 것은 권력을 얻고 유지하는 수단이다. 자유민주주의는 그러한 종류의 권력을 정당하지 않은 것으로 여겨 퇴출시키려 노력한다. 그리고 이 점에 대해서 전통적 좌파와 전통적 우파 모두 자유주의적 이상을 비판한다. 자유주의를 비판하는 좌파들은 자유주의가 역사적인 구조적 불평등을 도외시한다고 지적한다. 자유주의의 실천이 전형적으로 과거의 부정의에 대한 구제책을 포함하지 않는다는 점에서 그러하며, 또한 평등과 자유라는 자유주의적 이상이 지배집단의 힘을 확고히 하는 데 이용될 수 있다고 주장한다. 이를테면, 뿌리 깊은 구조적 부정의를 해결하기 위한 일부 조치들(예컨대, 적극적 우대조치affirmative action)이 평등한 대우에 대한 자유주의적 이상을 위반한다고 주장될 수 있는 것이다. 자유주의에 대한 우파의 비판은 결이 다르다. 우파 비평가들은 주변집단들이 지배집단의 특권적 지위를 빼앗고 그 전통을 파괴하기 위해 자유주의적 평등을 무기로 사용할 수 있다고 경고한다.

자유주의에 대한 좌파와 우파의 비판은 모두 자유주의적 이상이 권력의 차이를 무시하고 있다는 사실에 주목한다. 좌파 비평가들은 자유주의적 이상이 이러한 차이를 무시함으로써 기존의 불평등을 고착시킨다고 주장한다. 우파 비평가들은 자유주의가 권력의 차이를 무시함으로써, 강제적이고 부당한 '권력 공유'로 지배집단의 특권적 지위를 쉽게 빼앗을 수 있도록 만든다고 주장한다. 자유주의에 대한 우파의 비판은 히틀러의 저서뿐만 아니라 『시온 장로 의정서』에서도 명시적으로 나타난다.

앞서 말했듯, 『시온 장로 의정서』는 유대인들의 지도자라는 '시온의 장로들'이 유대 민족의 이름으로 세계를 장악하고 지배하기 위해 다른 유대인들에게 주는 지침서처럼 작성된 위조 문서이다. 그 문서는 "상대방을 자유의 이념으로, 소위 자유주의라는 사상으로 감염시켜라."라는 지시로 시작한다. 『시온 장로 의정서』에 따르면, 자유주의는 유대인들의 평등한 권리를 기독교인들이 인정하도록 유도함으로써, (여기서는 기독교인인) '상대'를 약화시킨다. 만약 기독교인들이 자유주의를 받아들인다면, 그들은 다른 종교집단들을 동등하게 존중하고 인정하게 될 것이고, 그 결과 전통적으로 차지해온 그들의 지배적 위치를 넘겨주게 될 것이다.

정치적 자유는 하나의 이념이지 사실이 아니다. 필요할 때마다 이 이념을 어떻게 적용할지 알아야 한다. 이 이념은 대중을 당신의 당파로 끌어들여 다른 권력자를 무너뜨리기 위한 미끼다. 만약 상대가 자유의 이념, '소위 자유주의'에 이미 감염되어 있다면, 이 일은 더 쉬워진다. 왜냐하면 그는 그 이념을 위해서 자신의 권력 일부를 기꺼이 양보할 것이기 때문이다. 우리 이론의 승리는 바로 여기서 나타난다. 느슨해진 정부의 고삐는 생의 법칙에 따라 새로운 손이 즉시 잡아채 움켜쥐게 된다. 국가의 맹목적인 힘은 그것을 인도할 손 없이는 단 하루도 존속할 수 없고, 새로운 권위는 자유주의로 이미 약해진 옛 권위가 남긴 자리에 딱 들어맞기 때문이다.

"정치적 자유는 하나의 이념이지 사실이 아니다."라는 진술에서, 『시온 장로 의정서』의 가상의 저자들은 스티븐스의 '초석 연설'의 주제를 되풀이한다. 정치적 자유는, 따라서 정치적 평등은, 환상이며 불가능한 것이다. 자연은 한 집단이 다른 집단을 이끌고 지배하도록 요구하기 때문이다. 『시온 장로 의정서』는 지배집단의 구성원들에게 '정치적 자유' 또는 '자유주의'의 신화를 퍼뜨릴 것을 제안한다. '정치적 자유'라는 신화를 받아들임으로써, 권력자들은 그것을 갖지 못한 사람들에게 동등한 지위를 부여할 것이다. 그러나 '생의 법칙', 즉 자연은 한 집단이 다른 집단을 통치하도록 요구하기 때문에, 일단 유대인들이 지배적인 기독교인들에게서 권력의 일부를 받고 나면, 그 다음에는 모든 권력을 빼앗을 수 있다.

파시스트에 따르면 평등은 자유주의의 트로이 목마다. 유대인, 동성애자, 무슬림, 비백인, 페미니스트 등 다양한 이들이 오디세우스의 역할을 할 수 있다. 자유주의적 평등의 신조를 퍼뜨리는 사람은 누구나 '자유이념에 감염된' 호구이거나, 실제로는 비자유주의적인 기만적 목적으로만 자유주의의 이상을 퍼뜨리고 있는 국가의 적이다.

파시스트 프로젝트는 참된 '민족' 구성원들의 지위상실에 대한 불안감을, 혐오의 대상이 되는 소수집단의 평등이 인정된다는 두려움과 결합한다. 20세기에 KKK는 유대인들을 흑인 인종평등운동의 배후 세력으로 종종 인식했다. 유대인들이 순수한 백인의 피를 희석시키고 백인 기독교 단일 인종 국가를 약화시키기 위해 흑인 평등을 추진하려고 했다는 것이다. 나치 이론가 알프레트 로젠베르크가 1923년 『시온 장로 의정서』에 대한 논평문에 쓴 것처럼, "모든 종류의 유대인들이 매일 자유와 평화를 위해 싸우는 척한다는 사실은 잘 알려져 있다. 그들의 연설에서는 인도주의와 인간애가 뚝뚝 떨어진다. 유대인의 이익이 증진되는 한에서 말이다."⁵ 나치 이데올로기에 따르면, 유대인들은 자연에 대해 나치와 똑같은 위계적 견해를 가지고 활동하지만, 자유민주주의의 보편적 원리를 가면으로 이용한다. 앞에서 살펴본 것처럼, 자유민주주의의 실제 옹호자들을 오로지 자유민주주의의 이상을 파괴하기 위해 그 이상을 옹호하는 위선자로 묘사하는 것은, 파시스트 정치의 고전적 수법이다.

파시스트들은 자유주의자와 마르크스주의자들(또는 '문화적 마르크스주의자들')이 평등과 자유의 이상을 주창하는 이유가 자신들의 이념을 지배집단의 구성원들에게 '감염'시켜 그들이 기꺼이 권력을 넘겨주도록 만들기 위해서라고 생각한다. 예컨대 성평등이라는 자유주의적 이상을 수용하는 것은 파시스트 신화의 바탕이 되는 고결한 가부장적 사회의 파괴로 이어진다는 것이다. 린드버그의 '아메리카 퍼스트' 운동에서는 이민이 백인의 '순수한 피'를 오염시킨다는 이유로 자유주의적 이상을 거부했다. 오늘날 러시아와 많은 미국 우파 기독교에서는, 자유민주주의로 인해 이민의 합법화와 이민자들에 의한 집단 강간이 증가하고, 동성애와 그로 인한 '퇴화'라는 죄의 수용이 뒤따를 것이라고 생각한다.

그 외에도 위계는 또 다른 방식으로 파시스트 정치에 혜택을 준다. 그 혜택에 익숙해진 사람들은, 자유주의적 평등이 억울한 피해자를 낳을 것이라고 생각하기 십상이다. 위계에서 혜택을 받는 사람들은 자신들이 우월한 존재라는 신화를 받아들이게 될 것이며, 이 신화는 사회적 현실에 대한 기본적인 사실들을 가리게 될 것이다. 그들은 관용과 포용을 요청하는 자유주의자들의 탄원을 불신할 것인데, 그러한 탄원을 권력을 장악하기 위한 가면이라고 여기기 때문이다. 파시스트 정치는 위계적 지위의 상실이 억울한 피해자를 낳는다는 피해자의식을 먹고 산다.

쇠퇴하는 제국은 이러한 상실감 때문에 특히 파시스트 정치에 취약하다. 위계를 창출하는 것은 제국의 본성이다. 제국들은 그들 자신의 예외주의 신화를 통해 식민 사업에 정당성을 부여한다. 쇠퇴의 과정에서 제국의 주민들은 쉽게 국가적 굴욕감에 빠지게 되는데, 파시스트 정치는 이를 다양한 목적으로 악용할 수 있다. 19세기 후반과 20세기 초반에 오스만 제국은 엄청난 붕괴를 겪었고, 리비아, 알바니아, 마케도니아, 보스

니아, 헤르체고비나, 크레타 등 아프리카와 유럽의 영토 100만 제곱킬로미터 이상을 잃었다. 오스만 제국의 술탄국은 1908년에 전복되었고, 1913년에는 제국이 극단적 국수주의자들에 의해 점령되었다. 이들은 완전히 신화적인 순수 터키 민족의 과거에 대한 비전을 설파했다. 그들은 비터키계, 비이슬람계 소수민족의 존재로 인해 터키 민족의 순수성이 위협받고 있다는 위기감을 퍼뜨렸다.(이 신화는 특히 극단적이었는데, 현대 터키는 오스만 제국의 본거지로서 세계에서 가장 강력하고 오래 지속된 기독교 제국 중 하나인 비잔티움의 터전이었기 때문이었다.) 그들은 굴욕과 원한과 영토에 대한 상실감을 이용하여 20세기의 두 번째 10년 동안 역사상 가장 끔찍한 범죄 중 하나인, 터키의 기독교계 아르메니아인 집단학살을 일으켰다.

뉴욕대학교 역사학자 그레그 그랜딘Greg Grandin은 「왜 지금이냐고? 제국이잖아, 멍청아」라는 2016년 6월 『더 네이션The Nation』의 기고문에서, 도널드 트럼프의 정치가 2016년 선거 캠페인에서 효과를 거두는 것은, 선거 시기가 미국 제국의 쇠퇴기에 있기 때문이라고 주장했다. 냉전 종식 후 미국이 유일한 초강대국으로 세계를 지배했던 시대가 저물고 있음을 우리는 목격하고 있다. 그랜딘은 이 기고문에서 제국은 위안을 주는 우월주의 신화가 시민들 사이에서 생겨나도록 함으로써, 정치적 어려움을 초래할 수 있는 다양한 사회·구조적 문제를 은폐한다고 주장한다. 강력했던 제국이 소멸을 맞게 될 때, 시민들은 그들의 예외주의가 신화였다는 사실을 맞닥뜨릴 수밖에 없다. 그랜딘은 2008년 초 버락 오바마가 대선에서 승리했을 때, "파국적인 이라크 전쟁과 2008년 금융 위기로 제국의 안전판이 작동을 멈췄다. […] 오바마는 신자유주의와 신보수주의의 폐허 속에서 정권을 잡았기 때문에 제국은 더 이상 불만을 가라앉히고 이해관계를 조정하고 분열을 통합할 수 없었다."라고 썼다.

제국주의적 위계가 무너지고 사회현실이 그대로 드러날 때, 제국의 중심에서는 안심을 주는 익숙한 우월성의 환상을 유지하기 위한 메커니즘으로 위계적 정서가 생겨나는 경향이 있다. 문화·민족·종교·성별 또는 국가적 우월감을 지키기 위한 보잘것없고 힘겨운 투쟁은 억울한 상실감과 피해자의식을 낳는다. 그리고 이로부터 파시스트 정치가 번창한다.

HOW
FASCISM
WORKS

파시스트 정치에서는, 평등과 차별이라는 반대되는 개념이 서로 뒤섞인다. 1866년 민권법은 새로이 해방된 남부 흑인들을 미국 시민으로 만들고 그들의 시민권을 보호했다. 그 법은 1866년 3월 14일 상원과 하원을 통과했다. 그러나 그달 말, 앤드루 존슨 대통령은 "이 법이 수립한 유색 인종 보호를 위한 안전조치는 정부가 백인 인종을 위해 제공한 그 어떤 조치보다도 훨씬 더크다."라는 이유로 민권법을 거부하였다. W. E. B. 듀보이스가 지적했듯이, 존슨은 미래의 흑인 평등을 향한 출발점이 되는 최소한의 안전조치를 '백인에 대한 차별'로 인식했던 것이다.[1]

오늘날, 백인 미국인들은 지난 50년 동안 미국이 인

종평등을 향해 진보한 정도를 지나치게 과대평가하고 있다. 미국 흑인과 백인 사이의 경제적 불평등은 실질적으로 미국 재건기 동안의 수준에 머물러 있다. 평균적인 백인 가족이 100달러를 벌 때마다, 평균적인 흑인 가족은 단지 5달러를 번다. 제니퍼 리치슨과 마이클 크라우스, 줄리안 러커가 2017년 논문 「미국은 인종적 경제 평등을 잘못 인식하고 있다」에서 보여주었듯이, 그럼에도 불구하고 미국 백인들은 이 사실을 모르고 있으며, 인종적·경제 불평등이 극적으로 좁혀졌다고 믿고 있다.[2] 도널드 트럼프 대통령의 지지자들 중 45퍼센트는 백인들이 미국에서 가장 차별받는 인종집단이라고 믿고 있고, 54퍼센트의 트럼프 지지자들은 기독교인이 미국에서 가장 박해받는 종교집단이라고 믿고 있다. 물론, 탄압받고 있다는 억울한 감정과 진정한 불평등의 차별 사이에는 결정적인 차이가 있다.

사회심리학 분야에서는, 전통적으로 소수자였던 집단의 구성원들이 더 큰 대표성을 얻게 되면 지배집단들은 이를 위협으로 인식한다는 사실에 대한 많은 연구가 수행되어왔다.[3] 더 최근에는, 소수자 집단의 구성원들과 권력을 평등하게 나누어야 한다고 전망되는 경우에, 지배집단들에서 피해자의식이 나타나는 현상을 입증하는 많은 사회심리학적 증거들이 축적되어왔다. 최근 미국에서는 2050년경에는 백인이 더 이상 미국인의 다수가 아니라는 의미의 '다수자 소수' 국가가 될 것이라는 사실에 많은 관심이 쏠리고 있다. 몇몇 사회심리학자들은 미국 백인들이 이러한 정보를 접하게 될 때 무슨 일이 일어나는지 시험해보았다.

2014년 연구에서 심리학자 모린 크레이그와 제니퍼 리치슨은 '다수자 소수' 국가로의 전환이 임박했다는 사실을 단순히 부각시키는 것만으로도, 정당에 소속되지 않은 백인 미국인들이 우익정책을 지지하는 정도가 뚜렷이 증가한다는 것을 발견했다.[4] 예를 들어, 백인이 다수를 차지하는 국가에서 비백인이 다수가 되는 국가로 인종 구성의 변화가 임박하다는 보고를 읽고 나서는, 미국 백인들이 적극적 우대조치를 지지하는 경향이 낮아졌고, 이민 제한을 지지하는 경향이 높아졌으며, 놀랍게도 국방비 증액과 같은 '인종 중립적인' 보수정책을 지지하는 경향까지 높아졌다. 모린 크레이그, 줄리안 러커, 제니퍼 리치슨은 곧 출판될 리뷰 논문에서 이 연구를 요약하며 "점점 늘어나는 이러한 연구결과들은 백인 미국인들(즉, 현재 인종적 다수)이 임박한 '다수자 소수'라는 변화를 그들의 지배적인 (사회·

경제·정치·문화) 지위에 대한 위협으로 경험한다는 명백한 증거를 보여준다.”라고 썼다.[5] 이러한 위협감은 우익운동에 대한 정치적인 지지로 결집될 수 있다. 이러한 현상은 미국 특유의 것이 아니다. 이는 오히려 집단 심리의 일반적인 특징이다. 시민권과 권력을 소수 집단과 공유하게 된다는 전망이 등장할 때, 지배집단이 갖게 되는 피해자의식을 이용하는 것은 오늘날 국제 파시스트 정치의 보편적인 요소이다.

~~~

역사적으로 억압받아 온 집단들은 차별에 맞닥뜨리게 되었을 때, 위협받는 자신들의 정체성에 대한 자부심을 선언하는 운동을 전개하며 봉기했다. 서유럽에서는 혹독한 반유대주의에 대한 대응으로 유대인 민족주의 운동인 시온주의 운동이 일어났다. 미국에서는 혹독한 인종차별에 대한 대응으로 흑인 민족주의가 생겨났다. 이러한 민족주의 운동들의 기원은 억압에 대한 대응이었다. 반식민주의 투쟁은 전형적으로 민족주의의 기치 아래 생겨난다. 예를 들어, 마하트마 간디는 영국의 지배에 대항하는 도구로 인도 민족주의를 이용했다. 억압으로부터 생겨난 이런 종류의 민족주의는 그 기원에서부터 파시스트적인 것은 아니다. 이러한 형태의 민족주의는 본래 평등을 추구하는 민족주의 운동으로 형성된다.

일반적으로 식민주의에서 제국주의 국가는 보편적 이상을 지닌 존재로 자신을 나타낸다. 예를 들어, 케냐의 영국 식민주의자들은 기독교를 보편적인 이상으로 나타내고, 많은 지역 부족 종교들을 원시적이고 야만적이라고 규정했다. 영국에 대항해 일어난 마우마우 봉기는 부분적으로는 이러한 종교적 억압에 대한 대응이었다. 마우마우 봉기인들은 전통적인 기쿠유 종교를 드높였으며 그 신인 응가이에게 맹세를 했다. 그러나 마우마우 투쟁의 목표는 영국 종교 전통에 대한 기쿠유 종교 전통의 **우월성**을 지키기 위해 싸우는 것이 아니었다. 목표는 오히려 기쿠유 전통의 **평등**을 옹호하기 위해 싸우고 영국인들이 그 전통을 원시적인 야만의 형태로 악마화하는 것에 대항하는 것이었다. 그러기 위해서는 이러한 전통을 격상시키고 그것을 특별하고 신성한 것으로 받아들이는 일이 필요했지만, 이는 영국 전통의 가치를 부정하는 수단이 아니라, 오히려 평등한 존중에 대한 요구를 강조하는 수단이었다. 그러므로 이러한 종류의 민족주의는 결코 평등에 **반대되**는 것이 아니다. 겉보기와는 달리, 평등은 오히려 그것의 **목표다**.

이 사례는 오늘날 미국의 '흑인의 생명도 소중하다' 운동과 유사하다. 이 운동의 반대자들은 이 구호를 오직 흑인의 **생명만이** 중요하다는 비자유주의적 민족주의자들의 주장인 것처럼 나타내려고 한다. 그러나 이 구호에 미국 백인들의 생명의 가치를 부인하려는 의도는 없다. 그것이 지적하고자 하는 것은 미국에서 백인의 생명은 다른 이들의 생명보다 더 중요하게 여겨져 왔다는 사실이다. '흑인의 생명도 소중하다'라는 구호의 취지는 평등한 존중이 이루어지지 않고 있는 현실에 주의를 환기시키는 것이다. 문맥상 이 말이 의미하는 것은, '흑인의 생명 **또한** 중요하다.'는 것이다.

파시즘의 핵심은 부족, 민족 정체성, 종교, 전통 또는 한마디로 민족에 대한 충성이다. 그러나 평등을 목표로 하는 민족주의와는 대조적으로, 파시스트 민족주의는 자유민주주의의 이상을 부정한다. 그것은 지배를 위한 민족주의이며, 지위과 권력 위계의 최상위를 차지하고 유지하여 보존하는 것을 목표로 한다.

억압에 대한 저항에서 비롯된 민족주의와 지배를 추구하는 민족주의의 차이는 각각이 평등과 어떤 관계에 있는지를 생각해보면 분명하게 드러난다. 그러나 그 차이는 내부에서는 보이지 않을 수 있다. 특권적 지위의 상실에 따르는 괴로움이 진짜 소외에서 오는 억압의 느낌과 비슷하든 아니든, 그래도 그것은 괴로움이다. 내가 만약 내가 믿는 종교의 축일이 국경일인 나라에서 자랐다면, 내 아이들이 자신이 믿는 종교의 축일과 전통이 그저 다른 많은 전통 중 하나일 뿐인 더 평등주의적인 나라에서 자라야 한다는 사실이 내게 소외를 느끼게 할 것이다. 내가 만약 영화나 텔레비전 프로그램에 나오는 모든 인물들이 나와 닮은 사회에서 자랐다면, 가끔 그렇지 않은 주인공을 보는 것에서 소외를 느낄 것이다. 나는 내 문화가 더 이상 '나를 위한' 것이 아니라고 느끼기 시작할 것이다. 만약 내가 남자는 영웅으로, 여자는 남자를 모시는 수동적인 대상으로 보면서 자랐다면, 직장이나 전쟁터에서 여성을 대등한 존재로 여겨야만 하는 경우에 나는 나의 소중한 생득권을 빼앗긴다는 억압의 감정 비슷한 것을 느낄 것이다. 불공평한 불평등을 바로잡는 일은 그러한 불공평함의 혜택을 입어온 사람들에게 항상 고통을 가져다줄 것이다. 이 고통은 어쩔 수 없이 일부 사람들에게는 억압으로 경험될 것이다.

～～～

파시스트 프로파간다는 지배적 지위의 상실에 동반되는 괴로움에 대해 애달픈 송가를 부르게 마련이다. 파시스트 정치는 그 느낌만은 진짜인 이 상실감을 조작해 억울한 피해자의식으로 바꾸어서, 과거의 억압이나 현재 계속되는 억압 또는 새로운 형태의 억압을 정당화하는 데에 이용한다.

구조적인 경제적 원인 때문에 일자리를 잃은 백인 노동자계급 남성이 '당신의 특권을 봐라Check your privilege'°라는 말을 들으면, 도리어 백인 우월주의 운동에 관심이 쏠릴 수도 있다. 백인 우월주의 의제를 평평한 운동장에 대한 요구로 보게 될 수 있는 것이다. 파시스트 정

° 2014년 미국의 대학 사회에서 퍼져나간, 사회적 불평등과 특권에 대한 인식을 높이려는 캠페인. '당신의 특권을 봐라'는, 특정한 사회적 범주에 속한 덕분에 유리한 특권적 지위에 있다는 사실이 자신의 태도나 견해에 반영되고 있음을 인식하자는 제안이다.

치는 이러한 진지한 자유주의적 명령을 크게 조롱한다. 구조적 불평등을 조사하기 위해서는, 인종과 성별에 기초한 지위가 어떻게 흑인 시민들이 결코 누릴 수 없는 정도의 자유를 백인 남성에게 주었고 백인 여성에게는 조금 덜 주었는지를 보여주는 강력한 증거에 대한 대중의 집단적 성찰이 필요하다. '당신의 특권을 봐라'라는 것은 백인들에게 그들이 날마다 살아나가는 고립된 사회적 현실을 인식하라는 호소인 것이다. 그러나 되레 이 문구는 공적 영역에서 자유주의적 엘리트들을 위선자라고 비난할 때 사용되는데, 백인 민족주의 프로파간다가 보기에는 2017년 미국에서 흑인에 대한 인종차별은 발견되지 않고 오히려 백인에 대한 인종차별이 많이 발견된다고 하기 때문이다.

파시스트 정치는 구조적 불평등을 해소하기 위한 힘들고 기나긴 노력을 뒤집고 왜곡하고 전복하려는 시도를 함으로써 구조적 불평등을 은폐한다. 적극적 우대조치는 구조적 불평등을 인지하고 해결하기 위해 고안된 것이었다. 그러나 일부 반대자들은 그것이 개인의 공적을 무시하는 조치라고 거짓으로 소개함으로써, 적극적 우대조치의 옹호자들을, 열심히 일하는 미국 백인들에게 해를 입히면서 자신들의 인종이나 성별에 기초한 '민족주의'를 추구하는 이들이라고 폄하한다. 이전에 한 번도 의심받지 않았던 안정된 존엄(흑인이 아니라 백인이라는 것에서 오는 존엄)을 잃는 경험은 백인이 피해자라는 말로 손쉽게 표현된다.

1990년대 미국의 '남성권리운동(MRA)'은 특권의 상실을 박해로 경험하는 상황이 반영된 것이었다. 스토니 브룩대학의 사회학자 마이클 키멜은 2013년 저서『성난 백인: 한 시대의 끝의 미국 남성성』에서 이렇게 말했다.

> 백인들이 억압자로 등장할 때, 평범한 중산층 백인 남성들은 그들에게까지 권력이 흘러들어온다는 것을 느끼지 못하는 경우가 많다. […] MRA에게, 미국 사회의 진정한 피해자들은 남성들이다. 그래서 그들은 '자유인을 위한 연합', '전국 남성 회의', '자유와 평등을 성취하는 남성모임(MALE)' 그리고 '남성 권리 주식회사(MR, Inc.)' 등등의 페미니즘에 대한 남성들의 불안과 분노를 표출하는 단체를 만들었다. 이 단체들은 성차별의 종식과 평등을 위해 헌신할 것을 선언하는데, 그들이 페미니즘과 맞서 싸

우지 않을 수 없게 된 이유가 성차별 때문이었다고 한다.[6]

키멜은 "성난 백인 남성들의 새로운 군단이 지닌 기이한 특징은, 비록 백인들이 여전히 세상의 대부분의 권력과 통제력을 가지고 있음에도 불구하고, 이 특정 백인 남성들이 자신을 피해자로 느낀다는 점이다."라고 지적한다. 그는 이러한 피해자의식을 신화적인 가부장적 과거의 영속성과 연결시킨다.

이러한 생각들은 또한 과거 세계에 대한 향수 어린 그리움을 반영하는데, 그때는 남자들이 그저 자기 일에 전념해 열심히 일하기만 하면 국가의 엘리트들 사이에서 자기 자리를 차지할 수 있다고 믿는 세상이었다. 아아! 안타깝게도, 그러한 세계는 존재한 적이 없었다. 경제적 엘리트들은 능력주의라는 이상에도 불구하고 언제나 그들 자신만을 재생산해왔다. 하지만 그래도 남자들은 그것을 계속 믿어왔다. 그것이 아메리칸 드림이다. 그리고 실패할 때, 그들은 굴욕을 당하지만, 분노를 쏟을 곳이 어디에도 없다.[7]

신화적이고 위계적인 과거의 존재를 공언하는 것은 불합리한 기대를 불러일으킨다. 이러한 기대가 충족되지 않을 때, 피해자의식이 생겨난다.[8]

파시스트 정치 전술을 사용하는 사람들은 의도적으로 이러한 감정을 이용하여 억울한 피해자가 되었다는 느낌을 다수 국민들 사이에서 만들어내고, 그 감정을 아무런 책임이 없는 집단에게로 향하게 한다. 그러고는 그 집단을 처벌하면 피해자의 느낌이 덜어질 것이라고 약속한다. 케이트 만Kate Manne은 그녀의 책『다운 걸Down Girl』에서 가부장제와 여성 혐오를 구별함으로써 이를 설명한다. 만에 따르면, 가부장제는 높은 지위에 대한 비합리적인 기대를 낳는 위계적 이데올로기이다. 여성 혐오는 가부장적 기대가 충족되지 않을 때 비난의 대상이 되는 여성들이 마주치게 되는 것이다. 파시스트 정치의 논리는 만의 여성 혐오 논리의 모델에서 생생하게 드러난다.

『브레이트바트 뉴스Breitbart News』는 난민을 공중보건, 문명, 법질서의 위협으로 나타내면서 반이민 프로파간다를 잔뜩 내보내는 미국의 강력한 극우 언론 매체이다. 이러한 매체에서 우리는 지배적인 다수의 피해자의식이 잠재적인 정치적 이익을 위해 어떤 식으로 무기화될 수 있는지를 명확히 볼 수 있다.『브레이트바트 뉴스』는 "미네소타에서 활동성 결핵으로 진단받은 난민 296명, 다른 주보다 열 배 많아, 대다수는 소말리아인"과 "소말리아인, 2017년 회계연도에 미국에 도착하는 난민들 중 가장 교육 수준이 낮아"와 같은 헤드라인을 한 수십 편의 소말리아 난민 관련 기사를 게재했다.『브레이트바트 뉴스』는 이 무렵 미국을 휩쓴 이러한 프로파간다 활동의 일부에 불과했다. 극우 반이민단체 '난민정착감시단'의 앤 코코런Ann Corcoran은 2015년 4월 게시된 이후 300만 건의 조회수를 기록한 영상에서, 미국의 '무슬림 식민지화' 계획에 대해 말했다. 그는 이 계획이 유엔 등 국제기구와 미 국무부 등 연방기관, 그리고 '무슬림들을 전국에 퍼뜨리는 일을 맡은 기독교와 유대교 단체들'의 지원과 사주를 받은 것이라고 주장했다. 이러한 언론 매체는, 인권이라는 어휘를 이용해 국가의 전통을 훼손하는 '자유주의' '이적 집단'들이 우리 안에 있다는 편집증을 퍼뜨린다. 그러나 그렇게 함으로써, 그들은 자유주의적 이상을 훼손할 뿐만 아니라, 단지 지배집단이 두려움을 느낀다는 근거만으로 그들의 표적이 된 사람들이 강도 높은 조사나 처벌을 받아야 한다고 주장한다.

한 사회의 권력 역학을 이해하는 것은 박해를 받고 있다는 주장을 평가하는 데 결정적으로 중요하다. 평등이 주도하는 민족주의는 권력의 변화에 충분한 주의를 기울이지 않으면 금세 억압적인 것으로 바뀔 수 있다. 진짜 억압의 역사에서도 문제 있는 민족주의 정서가 생겨나는 경우가 더러 있다.

세르비아인들이 과거에 억압을 받아왔다는 것은 의심의 여지가 없다. 그리고 세르비아인들이 겪었던 억압의 예를 찾기 위해 커다란 민족적 분노와 민족 정체성을 불러일으켰던 1389년 코소보전투까지 올라갈 필요도 없다. 제2차세계대전만 봐도 충분하다. 세르비아인들은 강제수용소에서 집단살해되었다. 오늘날의 세르비아인들은 대대로 겪어온 박해를 입증할 수 있는 가정 출신이다. 그런데 세르비아 민족주의자들은 이러한 배경을 더 힘없고 더 소외된 무슬림 지역 주민에 대한 박해를 정당화하기 위해 이용했다.

1986년, 세르비아 예술과학 아카데미는 한 비망록을 출판했다. 일반적으로 이 비망록은 이후 구 유고슬라비아에서 엄청난 유혈 사태를 일으킨 독성 세르비아 민족주의의 신조를 제시한 것으로 여겨진다. 그 문서는 피해자의식과 억압적 민족주의 정서가 어떻게 연관되어 있는지를 이해하는 유용한 지침이 된다. 당시 코소보 주민 대다수는 알바니아계 민족으로서 자치권 확대를 요구하고 있었다. 이 문서의 저자들은 코소보에서 세르비아계 민족에 대한 알바니아인의 처우를 "세르비아 주민에 대한 물리적·정치적·법적·문화적 집단학살"이라고 묘사한다. 그들은 "유고슬라비아 국가에서 세르비아 민족만큼 문화적·정신적 통일성이 잔인하게 짓밟힌 민족은 없다. 세르비아만큼 문학적·예술적 유산이 약탈당하고 유린된 적은 없다."라고 주장한다. 그들은 세르비아에 대한 '일관된 경제적 차별'과 집요한 '경제적 종속'을 말한다. 그들은 "이 공화국에 대한 보복정책은 시간이 지나도 무뎌지지 않았다. 오히려 성공에 고무되어 훨씬 더 강해져 집단학살에 이를 정도가 되었다."라고 단언한다. 이 문서는 세르비아 민족과 그 전통적인 역사와 문화에 대한 방어를 호소하기 위해, 세르비아인들이 겪은 희생을 극적인 이야기로 과장하여 서술하고 있는 것이다.

슬로보단 밀로셰비치Slobodan Milošević는 1989년부터 1997년까지 세르비아의 대통령이었다. 1989년 6월 28일,

밀로셰비치는 코소보전투 600주년 기념식에서 전투 현장에 모인 군중에게 연설을 했다. 밀로셰비치는 코소보전투에서 세르비아가 오스만 제국에게 패배한 것과 '세르비아가 6세기 동안 겪어야 했던 수난'을 세르비아가 통일을 이루지 못한 탓으로, 즉 세르비아 민족주의 정신의 실패 탓으로 돌렸다. 밀로셰비치는 연설에서 세르비아인들이 민족적 자부심을 갖지 못했기 때문에, 수 세기에 걸쳐 '굴욕'과 '고통'을 겪게 되었던 것이며, 이는 수십만 명의 세르비아인들이 살해된 파시스트 공포통치 시기의 희생을 능가하는 것이라고 말했다. 밀로셰비치에 따르면, 수 세기 동안 계속된 공포를 종식시킬 수 있는 유일한 방법은 세르비아의 민족적 통일성을 확보하는 것, 즉 민족주의 강령을 채택하는 것이었다. 세르비아의 이 피해자 서사는 그에게 정치적 승리를 가져다주었다. 그것은 또한 코소보전쟁을 포함한 일련의 잔혹한 전쟁들을 정당화했다. 이후, 밀로셰비치는 코소보의 알바니아계 주민들에게 저지른 행위로 인해 국제형사재판소에 집단학살과 반인륜 범죄로 기소되었다. 세르비아인들이 과거에 여러 세력에 의해 억압을 받아왔다는 것은 의심의 여지가 없다. 그러나 밀로셰비치가 표적으로 삼은 많은 집단이 세르비아인이 겪은 어떠한 탄압에도 실제로 책임이 없다는 사실은 거의 문제가 되지 않았다. 선동적 민족주의자들이 이끌었던 세르비아의 최근 역사는 파시스트 정치에서 과거 억압의 역사가 실체 없는 적들에 맞서는 군사동원을 위해 어떻게 이용될 수 있는지를 보여준다.

피해자의식이라는 압도적인 감정은 평등 주도 민족주의 운동과 지배 주도 민족주의 운동 사이의 대립을 감추기도 한다. 집권세력이 피억압자의 민족주의의 탈을 쓰거나 과거에 정말로 겪었던 억압을 들먹이며 자신들의 패권을 추구할 때, 그들은 평등을 파괴하는 데 민족주의를 이용하고 있는 것이다. 이스라엘 우익들은 팔레스타인의 땅과 삶에 대한 유대인들의 지배권을 주장하기 위해 부정할 수 없는 유대인 억압의 역사를 이용한다. 그들은 피해자라는 감정에 의존해, 평등한 존중을 위한 투쟁과 지배를 위한 투쟁 사이의 대립을 흐릿하게 만들고 있는 것이다. 억압은 행동을 위한 강력한 동기부여가 되지만, 누가, 언제, 어떤 맥락에서, 누구에게 그것을 행사하고 있는가 하는 질문은 영원히 중요한 문제로 남아 있다.

~~~

민족주의는 파시즘의 핵심이다. 파시스트 지도자는 집단적 피해자의식을 이용하여, 자유민주주의의 국제주의 정신이나 개인주의에 본질적으로 반대되는 집단 정체성의 감정을 조성한다. 집단 정체성은 피부색, 종교, 전통, 민족적 기원 등 다양한 것에 바탕을 둘 수 있다. 그러나 집단 정체성은 항상 자신과 대조되는 타자를 설정하고, 그에 맞서 민족을 정의한다. 파시스트 민족주의는 집단의 존엄성을 회복하기 위해, 그로부터 자신을 보호하고, 때로는 맞서 싸우고, 통제해야 하는 위험한 '그들'을 만들어낸다.

2017년 10월 12일 헝가리 총리 빅토르 오르반은 부다페스트의 '기독교 박해 국제협의회'에서 연설을 했다. 오르반은 유럽에서 기독교인에 대한 "의심의 여지없이 부당한" 박해가 있었다고 말하면서 연설을 시작하는데, 그는 이를 "차별적"이고 "고통스러운" 것이었다는 말로 표현하였다. 그는 헝가리가 전통적으로 기독교 유럽의 수호자 역할을 해온 것을 칭송한 후에, "오늘날 기독교가 세계에서 가장 박해받는 종교라는 것은 사실"이라고 선언한다. 그에 따르면 이는 "유럽적 삶의 방식과 우리의 정체성의 미래"를 위험에 빠뜨린다. 그는 또한 "오늘날 우리[유럽인]가 직면한 가장 큰 위험은 기독교적 뿌리를 부정하는 유럽의 무관심하고 무심한 침묵"이라고 믿는다. 유럽의 기독교적 뿌리에 대한 이러한 무관심은 재앙이 될 수도 있으며 이는 관대한 유럽 이민정책에서 확연히 드러난다고 그는 주장한다. "유럽의 지식인과 정치 지도자 집단은 유럽 내에서 혼합 사회를 만들고자 하는데, 이는 단지 몇 세대만에 우리 대륙의 문화적·민족적 구성을 완전히 바꿔놓을 것이고, 결과적으로 기독교적 정체성도 변화시킬 것이다."

오르반의 연설은 파시스트 정치의 전형적인 피해자론의 모든 요소를 담고 있다. 오르반은 이른바 유럽 기독교의 수호자라는 헝가리의 신화적 과거를 이용하여 이민자들에 대한 비이성적인 두려움을 부채질한다. 그리하여 그는 자유주의 엘리트들('유럽의 지식인과 정치 지도자들')이 이민자들의 파도가 밀려오도록 내버려두는 바람에 '세계에서 가장 박해받는 종교'가 내부로부터 무너질 위험에 처하게 되었다고 주장한다. 그리고는 위태로운 기독교 유럽을 방어할 수 있을 만큼 용감한 전사 지도자로 자기 자신을 내세운다. 잔혹한 전쟁을 피해 탈출한 난민들은 오르반의 눈에는 기독교 유럽의 성벽 안에 '이적 집단'을 수립하려는 강력한 침략

세력으로 보일 뿐이다. 오르반은 청중들에게 (기독교가 인권의 요람임을 도외시하면서) '인권'과 다른 시대에 뒤떨어진 개념들을 거부하라고 요청한다. 그는 청중들을 박해의 피해자로 대하며, 야만적이고 무법한 무리들에 맞선 기독교 유럽의 신화적 수호자였던 헝가리를 그가 다시 영광스러운 과거로 되돌려놓을 때, 자신의 뒤에 서달라고 촉구한다.

법질서

~~~~~~~~~~

  1989년, 다섯 명의 흑인 십 대들('센트럴파크 파이브')이 뉴욕 센트럴파크에서 조깅하던 한 백인 여성을 집단 강간한 혐의로 체포되었다. 당시 신문들은 '집단 난동을 벌이는' 무법천지 흑인 십 대들이 백인 여성을 마구 강간했다는 격한 기사들로 가득 차 있었다. 당시 도널드 트럼프는 뉴욕 여러 신문에 전면 광고를 내고 이들을 '미친 부적응자들'이라고 비난하면서 사형집행을 촉구했다. 그 후, '센트럴파크 파이브'는 결백할 뿐만 아니라, 검찰 및 기소와 관련된 많은 사람들이 이미 그들의 결백을 알고 있었다는 사실이 드러났다. 몇 년 후, 다섯 명 모두 완전히 무고함이 입증되었고 뉴욕시는 그들에게 합의금을 지불했다.

미법무장관 제프 세션스는 2016년 11월, 당시 대통령 당선자 도널드 트럼프가 1989년에 센트럴파크 파이브에 대해 했던 언급이 '법질서law and order'에 대한 그의 헌신을 보여주는 것이라고 칭찬했다. 이것은 법질서에 대한 놀라운 이해인데, 이 청소년들이 실제로 완전히 결백했기 때문만이 아니라, 트럼프의 말이 이 사건에서 정당한 법적 절차의 여지를 남기지 않았기 때문이다. 자유민주주의 국가에서 법질서의 규범은 근본적으로 공정하다. 반면 세션스가 '법질서'라는 문구를 써서 가리키고 있는 법체계는, 어린 흑인 남성들은 그 존재 자체가 법질서 위반이라고 선언하는 법체계인 것으로 보인다.

〰〰

건강한 민주주의 국가는, 모든 시민을 평등하고 공정하게 대우하는 법률에 의해 다스려지며, 치안유지의 임무를 맡은 이들을 포함하여 사람들 사이의 상호 존중의 유대감으로 뒷받침된다. 그러나 파시스트 법질서 수사법은 시민을 대놓고 두 계급으로 나누고자 한다. 천성적으로 합법적인 선택받은 민족과, 본래 무법하고 선택받지 못한 민족으로 나누는 것이다. 파시스트 정치에서 전통적인 성 역할에 맞지 않는 여성, 비백인, 동성애자, 이민자, 지배적인 종교를 믿지 않는 '퇴폐적인 세계시민주의자들'은 그 존재 자체가 법질서 위반이다. 미국의 선동가들은 흑인들을 법질서에 대한 위협으로 묘사함으로써, 비백인의 '위협'으로부터 보호할 필요가 있는 백인 국가 정체성이라는 강력한 감각을 만들어낼 수 있었다. 지금 전 세계적으로 이민자들에 맞서 주민들을 통합하기 위하여, 공포에 기반해 친구와 적의 구별을 만들어내는 비슷한 전술이 사용되고 있다.

~~~

국가사회주의의 역사는 파시스트의 정치적 국가 정체성 형성의 교과서적인 예이다. 1880년대부터 오스트리아와 독일에서는 인종적 민족주의의 한 형태가 발전하였는데, 이는 국가사회주의 운동의 발원지가 되었다. 순수민족 운동은 게르만 민족의 인종적 순수성에 대한 낭만화된 개념에 뿌리를 두고 있다. 반유대주의는 순수민족 사상 내에서는 게르만 민족을 정의하는 한 요소로 기능했다. 민족을 그들의 적인 유대인과 대조하여 정의했던 것이다. 또한 국가사회주의자들은 소수자 집단에 대한 두려움을 심어주는 가장 흔한 방법을 사용했다. 그들을 법질서에 대한 위협으로 그리는 방법을 말이다.

1936년 봄, 나의 할머니 일제 스탠리는 겨울 내내 극장 투어로 베를린을 떠나 있다가 막 돌아왔을 때, 도시에서 '점점 더 많은 친구들이 사라지고 있다.'는 것을 발견하게 되었다. 곧이어 한 사촌이 그녀의 집에 도착했다. 사촌은 게슈타포가 남편을 강제수용소로 데려갔다고 말했다. 1957년 회고록 『잊히지 않는*The Unforgotten*』에 묘사된 한 장면에서 할머니는 사촌에게 남편이 체포된 이유에 대해 질문한다. 사촌은 이렇게 답한다.

> 왜냐하면 그는 전과가 있는 범죄자였기 때문이야. 법정에서 속도위반 벌금 한 번과 다른 교통범칙금을 한 번 낸 적이 있었거든. 그들은 법원이 그 모든 세월 동안 하지 못했던 일을 마침내 하고자 한다고 말했어. 전과 기록이 있는 모든 유대인들을 없애버리는 것을 말이야. 교통범칙금인데, 전과 기록이라니!

할머니는 회고록 전반부에서 히틀러가 권력을 잡은 후 몇 년 동안의 이야기를 자세하게 들려준다. 이 책에서 그녀는 독일 유대인 공동체가 자신들이 직면한 위험을 이해하는 것이 얼마나 어려웠는지를 기록하고 있다. 그녀는 나치 사회복지사로 변장한 채 작센하우젠 강제수용소에서 죄수들을 구출해냈기 때문에 이 위험을 내부로부터 이해했다. 그녀는 캠프에서 목격한 것 때문에, 다른 많은 동료 유대인들과는 달리, 그 당시 벌어지고 있는 일의 엄청난 무서움을 잘 알고 있었다. 바로 지금 미국의 난민과 이민자 수용소가 그렇듯이, 그 일은 일반 대중들에게는 숨겨져 있었다. 그녀는 친구들과 가족들이 떠나도록 설득하는 데에 어려움을 겪었다고 거듭해서 쓰고 있다. 어쨌든 대부분의 독일 유대인들은 자기들이 범죄자라고 생각하지는 않았으니 말이다.

2016년 2월, 극우정당인 스위스 국민당(SVP)은 스위스에서 '이민자'를 추방하는 안건을 두고 국민투표를 실시했는데, 거기에는 주차 위반 같은 가벼운 범죄를 저지른 스위스 태생의 이민자 2세와 3세 주민들까지 포함되었다. 국민투표는 확실히 통과될 것 같았다. '이민 범죄자' 추방이라는 서사를 바꾸기 위해 스위스

학생들이 조직한 단체인 '오페라치온 리베로Operation Libero'의 노력에 힘입어 안건은 국민투표에서 부결되었다.

미국에서는 도널드 트럼프가 '외국인 범죄자들'의 추방을 촉구하며 대권 행보를 밀어붙였다. 취임한 후 그는 계속해서 이민자들을 겨냥했다. 그와 그의 행정부 모두 이민자들을 범죄와 연관시킴으로써 이민자에 대한 두려움을 수시로 부채질했다. 우리는 거듭해서 '외국인 범죄자'라는 망령에 대한 이야기를 듣게 되는데, 이는 단지 발언에서뿐만 아니라 '외국인 범죄자가 저지른 범죄의 희생자들'을 돕기 위한 국토안보부의 신설 부서 발표와 같은 공식 문서에서도 나타난다.

'범죄자'라는 단어에는 물론 문자 그대로의 의미도 있지만, 다른 울림을 주는 의미도 있다. 즉, 본질적으로 사회의 규범에 둔감하고, 사리사욕이나 악의로 법을 어기는 경향이 있는 사람들을 떠올리게 하는 것이다. 일반적으로 우리는 무심코 법을 어겼거나 절박한 상황에서 법을 어길 수밖에 없었던 사람들을 가리키기 위해 범죄자라는 용어를 사용하지는 않는다. 버스를 잡기 위해 달리는 사람이 주자走者가 되는 것은 아니듯이 말이다. 그저 범법을 저질렀다고 해서 범죄자인 것도 아니다. '범죄자'라는 단어는 누군가에게 특정 유형의 성격을 부여하는 말이다.

심리학자들은 '집단 간 언어 편향'이라고 부르는 관행을 연구해왔다. 우리가 '우리'의 하나로 간주하는 사람들의 행동을 묘사할 때에는, 우리가 '그들'의 하나로 간주하는 사람들의 행동을 묘사할 때와는 상당히 다르게 묘사하는 경향이 있다는 사실이 밝혀졌다.

만약 '우리' 중 하나라고 여기는 사람이 (예를 들어, 초콜릿 바를 훔치는 것 같은) 나쁜 짓을 한다면, 우리는 그 행동을 구체적으로 묘사하는 경향이 있다. 다시 말해, 만약 내 친구 다니엘이 초콜릿 바를 훔친다면, 나는 그가 한 행동을 '초콜릿 바 훔치기'로 특징 짓는 경향이 있을 것이다. 반면에, 만약 우리가 '그들' 중 하나라고 간주하는 사람이 같은 행동을 한다면, 우리는 그 행동을 저지른 사람에게 나쁜 성격적 자질을 부여하면서 그 행동을 더 추상적으로 묘사하는 경향이 있다. 즉, '그들' 중 하나로 여겨지는 제롬이 초콜릿 바를 훔치면, 그는 도둑이나 범죄자로 묘사될 가능성이 훨씬 높다. 만일 잘 차려입은 백인 미국인이 수갑을 차고서 경찰차 뒷좌석에 있는 모습을 백인 미국인이 본다면, 그는 아마도 '도대체 무슨 일이 있었길래' 그가 저렇게 체포되었는지를 궁금해할 것이다. 반면 수갑을 찬 흑인 미국인이 경찰차 뒷좌석에 있는 것을 백인 미국인이 본다면, 그는 경찰이 어떻게 '저 범죄자'를 잡았는지를 궁금해할 것이다.

좋은 행동에 대해서는 정반대가 된다. 만약 '우리' 중 하나라고 여겨지는 사람이 선행을 한다면, 우리는 그 행동을 그 사람의 좋은 성격적 특성 탓으로 돌리면서 그 일을 설명하는 경향이 있다. 우리 다니엘이 한 아이에게 초콜릿 바를 주는 것은 '다니엘의 인심'으로 묘사된다. 반대로 저 제롬이 아이에게 초콜릿 바를 주는 것은 구체적인 용어로 묘사된다. '저 남자가 방금 그 아이에게 초콜릿 바를 주었다.'

집단 간 언어 편향에 대한 연구는 역으로 어떤 사람의 행동이 어떻게 묘사되고 있는지(추상적인지 아니면 구체적인지)를 통해 그 사람이 '우리'로 분류되는지 '그들'로 분류되는지를 추론할 수 있다는 것을 보여준다. 이를테면, 누군가가 다른 사람을 묘사하는 방식을 듣고서, 그 사람이 묘사되는 사람과 같은 정당에 속할 것 같은지 혹은 같은 종교를 믿을 것 같은지에 대해 추론할 수 있는 것이다.[1] 누군가를 '범죄자'로 묘사하는 것은 그 사람을 무시무시한 영구적 성격 특성을 가진 사람으로 표시하는 것임과 동시에 그 사람을 '우리'의 테두리 바깥에 두는 것이다. 그들은 범죄자다. 우리는 실수를 한다.

어떤 범주의 사람들 전체를 '범죄자'라고 부르는 정치인들은 대부분의 사람들에게 위협적인 영구적 성격 특성을 그들에게 돌리는 동시에, 자신을 우리의 보호자로 내세운다. 그러한 언어는 합리적인 의사결정의 민주적 과정을 훼손하고, 그것을 두려움으로 대체한다. 미국의 맥락에서 두드러진 또 다른 예는, 정치적 시위를 묘사하기 위해 '폭동'이라는 용어를 사용하는 것이다. 1960년대 미국에서 민권운동은 경찰의 잔학 행위에 반대하는 도시지역 흑인 정치 시위를 포함하고 있었다. 이 시위들은 언론에서 자주 '폭동'으로 묘사되었다. 작가이자 인권운동가인 제임스 볼드윈은 당시 이 시위에 대한 언론 보도를 두고 다음과 같이 썼다. "백인들이 억압에 맞서 일어서면, 그들은 영웅이다. 흑인들이 일어설 때, 그들은 태생적 야만인으로 되돌아간 것이 된다. 바르샤바 게토 봉기는 폭동으로 불리지 않았고, 참여자들이 폭력배들로 매도되지도 않았다. 와츠와 할렘의 소년 소녀 들은 이를 철저히 알고 있다."[2] 그러한 허위 표현들 덕분에 리처드 닉슨은

1968년 '법질서'라는 강령으로 공직 선거에 출마할 수 있었다. 닉슨 행정부는 이후의 미국 흑인 시민들의 대량 투옥을 가능하게 한 토대를 마련한 것으로 보통 여겨진다.

볼티모어에서는 2015년 경찰에 의해 프레디 그레이가 살해된 후 경찰의 잔학행위에 반대하는 흑인 군중들의 항의 시위가 광범위하게 일어났다. 2015년 4월 '링귀스틱 펄스' 웹사이트에 게재된 기사에서 닉 수티렐루는 볼티모어 시위를 묘사하기 위해 서로 다른 언론 매체들이 '항의 시위'와 '폭동'이라는 용어를 얼마나 사용하는지 비교했다. 수티렐루는 미국 극우 매체 폭스뉴스가 볼티모어 사태 보도에서 '항의 시위'보다 '폭동'이라는 단어를 두 배 넘게 사용했다는 사실을 밝혀냈다. 반면 CNN은 '항의 시위'보다 조금 더 많은 빈도로 '폭동'을 사용했고, MSNBC는 볼티모어의 시위를 보도할 때 '폭동'보다 조금 더 많은 빈도로 '항의 시위'를 사용했다.[3] 정치적 항의 시위를 폭동으로 와전하여 표현한 것은 도널드 트럼프 선거운동의 한 요소였으며, 닉슨의 선거운동을 몹시 연상하게 했다. 그러나 한 가지 차이점이 있는데, 닉슨이 선거운동을 했던 시기는 폭력 범죄의 비율이 증가하고 있던 시기였다.

반면 트럼프의 성공적인 '법질서' 캠페인은 기록상으로 폭력 범죄율이 미국 역사상 가장 낮은 시기에 일어났다.

〰

 쾌락을 위해 다중 살인을 저지른 사람들과 교통 위반을 저지른 사람들을 아우르기 위해 '범죄자'와 같은 용어를 사용하거나, 정치적 항의 시위를 묘사하기 위해 '폭동'이라는 용어를 사용하는 토론은 대중의 태도를 변화시키고 정책에 영향을 준다. 집단 전체를 범죄자화하는 언어들이 논쟁을 왜곡하고 불합리한 결과로 이어질 때 어떤 일이 벌어질 수 있는지를 보여주는 분명한 예가 아프리카계 미국인들의 대량 투옥이다.

 1980년에 50만 명의 미국인들이 감옥이나 구치소에 있었다. 2013년에는 그 수가 230만 명 이상으로 늘었다. 수감 인구의 폭발적 증가는 이 나라에서 노예가 되었던 사람들의 후손인 미국 시민들에게 불균형한 영향을 미쳤다. 미국 인구의 77퍼센트는 백인이고 13퍼센트는 흑인이다. 그런데도 백인 미국인보다 더 많은 흑인 미국인들이 투옥되어 있다. 흑인들은 미국 인구의

13퍼센트에 불과한데도, 전 세계 수감 인원의 9퍼센트를 차지한다. 역사상 한 집단이 전 세계 수감 인원의 그렇게 많은 부분을 차지했던 적은 거의 없었다.

만약 미국의 사법제도가 공정하다면, 그리고 만약 3800만 명의 미국 흑인들이 세계의 평균적인 인종집단(예를 들어, 6100만 명의 이탈리아인 또는 4500만 명의 힌두교 구자라트인)만큼 범죄를 저지르는 경향이 있다면, 미국 흑인들은 세계 인구의 약 9퍼센트가 되어야 할 것이다. 2013년의 세계 인구 추정치가 71억 3500만 명이므로, 이는 전 세계에 6억 명이 넘는 미국 흑인들이 있다는 것을 의미할 것이다. 그렇다면, 흑인들의 미국은 지구상에서 세 번째로 큰 나라가 되어야 할 것이다. 미국보다 두 배는 더 큰 것이다. 물론 이러한 사실들 앞에서도 여러분은 여전히 미국의 교도소 법이 공정하게 적용되고 피부색을 보지 않는다고 생각할 수 있다. 하지만 만약 정말로 그렇게 믿는다면, 여러분은 흑인들이 인류 문명의 수천 년 역사에서 가장 위험한 집단들 중 하나라는 것을 거의 확실히 믿을 수밖에 없다.

미국에서, 수감률의 급증은 범죄의 급감을 동반했다. 데이비드 루드먼은 2017년 논문 「수감이 범죄에 미치는 영향」에서 "1990년과 2010년 사이에 1인당 수감률의 59퍼센트 상승은 FBI 추적 '중대 범죄'의 42퍼센트 감소를 동반했다."라고 지적한다.[4] 그러나 루드먼이 정확하게 지적하듯이, "연구자들의 공통된 의견은 더 많은 사람들을 감옥에 가두는 것이 범죄 감소에 기껏해야 약간 기여할 뿐이라는 것이다." 한 가지 예로, 캐나다는 1990년대 이후 범죄율이 급격히 떨어지면서 미국과 매우 유사한 패턴을 따라왔다. 그러나 1990년대까지 대규모 수감 실험이 계속된 미국과 비교할 때, 캐나다의 수감률은 증가하지 않았다. 1990년 이후 북미의 범죄 감소가 왜 미국과 캐나다에서 비슷하게 나타나는지를 설명해주는 요인이 있다면, 그것은 적어도 수감의 증가는 아니다.

많은 연구자들이 수감 증가와 범죄율 감소 사이의 연관성에 대해 의심하는 주된 이유는, 오히려 수감 자체가 범죄율 증가에 실질적으로 기여한다는 사실을 여러 연구들이 보여주고 있기 때문이다. 수감 이력이 있는 사람들은 일자리를 구하는 데 훨씬 더 큰 어려움을 겪는다. 마지막 장에서 보게 되겠지만, 미국 흑인들에게 이 효과는 배가된다. 수감 이력이 있는 시민들은 시민 참여율도 몹시 낮아 사실상 시민사회에서 배제되고 만다.[5] 수감은 또한 수감자의 가족에게 부정적인 영향을 미치며, 차후의 수감 가능성을 높인다. 미국 흑인은 백인과 같은 범죄를 저질러도 감옥에 갈 위험이 훨씬 더 높다. 예를 들어, 마약 범죄에 대한 수감률이 매우 다르다는 사실이 이를 입증한다. 또한 여러 연구들은 수감 자체가 범죄로 이어진다는 것을 시사한다. 루드먼은 이 결과를 이렇게 요약한다. "감옥에서 더 많은 시간을 보낼수록, 감옥에서 나온 뒤 더 많은 범죄를 저지르게 된다."

그러나 더 중요한 물음은, 왜 가혹한 징벌적 조치가 미국 흑인들의 불리한 사회적 조건에 대한 적절한 대응으로 여겨지고 있는가, 하는 것이다. 한 공동체가 범죄율이 특히 높다면, 거기에는 공감과 이해를 필요로 하는 사회적 문제가 분명히 존재하는 것이며, 그 아래에 놓인 구조적 원인을 해결하는 정책이 시급히 필요하다. 그렇다면 더욱더 중요한 질문은 이것이다. 이 집단에 대한 공감 부족이 그렇게 광범위한 원인은 무엇인가?

이러한 맥락에서 잠시 현재 미국 언론에서 '아편 위기'가 다뤄질 때 공감이 어떻게 작용하는지 살펴보자. 아편 위기는 악랄하고 무서운 '아편 조직'에 의해 생겨나는 것으로 그려지지 않는다. 또한 아편 중독자들은 범죄자로 규정되지 않는다. 오히려 언론, 정치인, 사회

비평, 의료계, 그리고 심지어 트럼프 대통령까지도 아편 중독을 위기로 보고 공중보건 유행병처럼 보기는 하지만, 법질서에 직접 관련된 문제로 다루지는 않는다. 아편 위기는 아프리카계 미국인 시민들과 연관성이 없기 때문이다. 오히려 그것은 트럼프의 지지 기반인 시골 백인들, 그리고 실직한 백인 산업노동자들과 연관되어 있다. 간단히 말해서, 아편 중독에 대한 복잡하고 동정적인 분석이 미국의 공적 담론에서 작용하고 있으며, 연방과 주의 법안 발의도 예방과 치료에 초점을 맞추고 있다. 아프리카계 미국인 시민들 사이에서 마약 중독 문제가 불거졌을 때 그러한 분석이 적용되었더라면 좋았을 것이다. 인종, 계층, 집단을 막론하고 중독 문제는 공감과 연민, 그리고 모두에게 공유되는 인간의 존엄과 평등이라는 자유주의적 가치로 다뤄져야 한다.

1896년에 프레더릭 L. 호프만Frederick L. Hoffman은, 역사학자 칼릴 지브란 무함마드Khalil Gibran Muhammad가 "20세기 전반에 가장 영향력이 컸던 인종과 범죄 연구"라고 평가한 『미국 흑인의 인종적 특징과 그 경향Race Traits and Tendencies of the American Negro』을 출간했다. 이 책의 논지는 흑인들이 유달리 폭력적이고 게으르며 질병에 걸리기 쉽다는 것이었다. 1996년, 윌리엄 J. 베넷William J. Bennett, 존 J. 디울리오 주니어John J. DiIulio, Jr., 존 P. 월터스John P. Walters는 『사망자 집계: 도덕적 빈곤… 그리고 미국이 범죄와 마약과의 전쟁에서 이기는 법Body Count: Moral Poverty…and How to Win America's War Against Crime and Drugs』이라는 책을 출판했다. 이 책의 논지는, 미국은 새로운 세대의 젊은이들로부터 독특한 위협을 받고 있는데, 그 대부분은 흑인이며, 잔인하고 폭력적인 행동을 할 경향이 특히 높고 정직한 일을 할 능력이 없는 사람들이라는 것이다. 이 책은 이러한 '초포식자들super-preda-tors'에 의한 청소년 폭력이 파도처럼 밀려올 것이라고 경고한다.(물론 이러한 급증은 실제로 일어나지 않았다. 폭력 범죄는 오히려 이후 몇 년 사이에 급감했다.) 위 두 책은 노예 아프리카인의 후손인 미국인들과 범죄성 사이에 관련이 있다는 생각을 미국인의 의식 속에 새긴 사이비 과학 100년의 양 끝에 놓인다. 한 세기 동안의 격차에도 불구하고, 이 두 책은 놀랍도록 유사하다. 두 책 모두 특정 인종의 폭력이 밀려들 것이라는 도덕적 공포를 불러일으키기 위해 통계라는 냉철한 언어를 사용하는 것이다.(호프만의 책과는 달리, 『사망자 집계』의 잘못된 예측은 유전학보다는 '도심 빈민 지역 문화'의 '도덕적 빈곤'에 대한 주장들에 근거를 두고 있다.)

　기본적으로 미국 흑인들이 존재해온 이래로 계속, 그들은 '범죄를 인종 안에 써넣으려고' 시도하는 사이비 과학으로부터 공격을 받아왔다. W. E. B. 듀보이스는 1898년 그의 에세이 「흑인 문제 연구」에서 이렇게 한탄했다.

> 미국 흑인에 대한 끊임없는 최종 판결이 영향력 있고 학식 있는 사람들로부터 나오고 있다. 8백만 흑인들의 현 상태와 경향에 대한 확정적인 최종 결론을 근거 지을 수 있는 신뢰할 만한 충분한 입증 자료가 존재하지 않으며, 그러한 결론이 나왔다고 자처하는 그 어떤 사람이나 출판물도 합리적으로 입증된 증거에서 벗어난 진술을 하고 있을 뿐이라는 사실이 모든 엄정한 학자들에게 알려져 있음에도 말이다.[6]

　여기서 듀보이스는 사회과학자들이 알고 있는 것과 완전한 사실 사이의 큰 격차를 강조하는데, 스코틀랜드 철학자 알래스데어 매킨타이어Alasdair MacIntyre가 말한 '조작적 전문지식'이 이에 해당한다. 듀보이스의 말은 오늘날에도 여전히 유효하다.

충격적이면서도 의미심장한 조작적 전문지식의 특히 중요한 한 가지 예는, 당시 프린스턴대학의 정치학 교수였던 『사망자 집계』의 공동 저자 존 디울리오 주니어가 제시한 '초포식자 이론'이다. 이 이론은 청소년 범법자들에게 성인에 해당하는 징역형을 선고할 것을 옹호하는 시도에서 도입되었는데, 이후 실제로 이를 반영하는 정책이 만들어졌다. 이 이론은 천성적으로 폭력적인 본성을 가진 '초포식자' 집단을 상정했는데, 이들은 "아무런 가책 없이 사람을 죽이고 강간하고 신체를 훼손하고 도둑질을 하는" 자들로, 교화 가능성이 없는 사람들이다. 디울리오는 『사망자 집계』에서뿐만 아니라 다른 출판물에서도 사회로 진입하는 '초포식자'의 (기이한) 급성장으로 인해 1995년부터 2000년까지 미국 내 폭력 범죄가 크게 증가할 것이라고 예측했다. 1990년대 초 미국에서 강력범죄가 감소하기 시작했고 1995년부터 2000년까지 지속적으로 감소했음에도 불구하고, 그의 예측은 믿을 만한 것으로 취급되었다. 디울리오는 증거로 입증된 것보다 훨씬 더 확신에 차서 말했다. 이는 가용 증거와 사회과학자들이 해석한 방식 사이의 큰 격차를, 인종과 범죄를 연결하는 배경 이데올로기로 설명할 수 있는 사례가 아닐까 생각된다.

이 이론은 공적 담론에 큰 영향을 미쳤다. 1996년 대선에서 미국 대통령 후보 빌 클린턴과 밥 돌은 누가 이러한 '초포식자들'에게 더 강경하게 대할 것인지를 놓고 경쟁했다. 그것이 미친 영향을 정량화하기는 어렵지만, 이 이론은 청소년을 성인으로 기소하는, 헌법적으로 의심스럽고 가혹한 정책을 채택하는 데 크게 기여한 것으로 보인다. 예를 들어, 연구소 '센턴싱 프로젝트'의 2012년 보고서는 청소년기에 저지른 범죄로 가석방 없이 종신형을 살고 있는 죄수들을 조사하여 응답자 1,579명 중 940명이 흑인이라고 밝혔다. 초포식자 이론은 흑인 청소년이 백인 청소년보다 훨씬 더 큰 범죄 성향을 갖고 있다고 여기는 대중적 믿음이 형성되는 데에 기여했다.

선동적인 언어는 단지 공적 담론에만 영향을 미치는 것이 아니다. 그것은 주민들 전체의 판단과 인식에 뿌리 깊이 영향을 미친다. 범죄자는 성격에 결함이 있는 사람으로, 그 본성상 사회가 어떻게 구제할 수 있는 가망이 없는 사람으로 여겨진다. 제니퍼 에버하르트의 사회심리학 연구는, 150년 동안 미국 흑인들을 구제불능의 범죄성과 연관시킨 인종적 프로파간다의 효과를 기록하는 데 중요한 역할을 해왔다. 에버하르트는 2012년 논문에서 공동 저자인 아니타 라탄, 신시아 레빈, 캐럴 드웩과 함께 청소년 범법자에 대한 가석방 없는 종신형의 합헌성을 결정하는 대법원 판례에 대한 사실 정보를 백인 피실험자들에게 제시했다.[7] 실험 참가자들이 받은 자료에는 "노인 여성을 잔혹하게 성폭행한 전과 17범인 14세 남성"이라는 청소년 사례자에 대한 묘사가 적혀 있었다. 이 자료에서 소년은 '흑인 남성'으로 묘사되기도 하고, '백인 남성'으로 묘사되기도 하였다. 이 정보를 받은 후, 참가자들은 "(사망자는 없는) 심각한 폭력 범죄로 유죄 판결을 받은 청소년에 대해 가석방 없는 종신형 선고를 어느 정도 찬성하는가?" 하는 질문을 받았다. 그들은 1(강력 찬성함)에서 6(전혀 찬성 안 함)까지의 척도에 따라 응답하라는 지시를 받았다. '14세 남성'을 흑인으로 묘사한 자료를 받은 사람들은 소년범에 대한 가석방 없는 종신형을 지지하는 경향이 상당히 두드러졌다.

에버하르트와 공저자인 레베카 헤티는 2014년 논문 「수감 증가 형벌정책 수용의 인종적 격차」에서, 캘리포니아 유권자로 등록된 백인들에게 백인 여성 연구자가 캘리포니아의 가혹한 삼진아웃 법안을 소개하고,

더불어 이를 개정하라는 청원서를 소개하는 실험의 결과를 보고했다.[8] 1994년에 통과된 캘리포니아 법에 따르면, 만약 누군가가 이전에 두 번의 중죄를 저질렀다면, 그 일이 아무리 오래전에 있었다고 하더라도, '주차된 차에서 잔돈 1달러'를 훔치는 정도의 작은 위반도 '삼진아웃'을 적용해 징역 25년에서 종신형까지 선고하도록 되어 있었다. 제안된 청원서의 내용은 세 번째도 강력범죄인 경우여야만 삼진아웃이 되도록 법을 개정하는 것이었다.

피실험자들에게 청원서를 소개하기 전에, 연구원은 그들에게 수감자들의 신원 사진 80장이 담긴 42초짜리 동영상을 보여주었다. 한 동영상에서는 45퍼센트가 흑인이었다('흑인 다수 조건'). 다른 동영상에서는 25퍼센트가 흑인이었다('흑인 소수 조건'). 이 '흑인 소수 조건'에서는 피험자의 51퍼센트가 청원서에 서명했다. '흑인 다수 조건'에서는 오직 27퍼센트만이 청원서에 서명했다. 에버하르트의 연구는, 아프리카계 미국인들의 대량 수감이 그들을 구제불능의 범죄자로 묘사하는 노예제 시절부터 계속된 인종차별적 프로파간다에 뿌리를 두고 있음을 보여주는 대규모 연구 중 가장 최근의 것일 뿐이다. 그러한 인종차별적 프로파간다의 결과로 아프리카계 미국인 집단이 미국 수감 인구에서 엄청나게 큰 비율을 차지해왔던 것이다.

물론, 파시스트 프로파간다는 그들이 표적으로 삼은 집단의 구성원을 그저 범죄자로만 내세우지는 않는다. 이러한 집단들에 대한 공포를 도덕적으로 올바른 것으로 만들기 위해, 그 구성원들은 파시스트 민족에 특정 종류의 위협이 되는 존재로 그려진다. 가장 대표적인 것은 순수성에 위협이 된다고 말하는 것이다. 그 결과 파시스트 정치는 한 가지 종류의 범죄를 강조한다. 파시스트 프로파간다가 공포를 조성하기 위해 사용하는 기본적인 위협은, 표적 집단의 구성원들이 선택된 민족의 일원을 강간하여 그 '피'를 오염시킬 것이라는 위협이다. 집단 강간의 위협은 동시에 파시스트 민족의 가부장적 규범, 민족의 '남성성'에 대한 위협으로 여겨진다. 강간죄는 성적 불안을 불러일으키고, 이와 더불어 파시스트적 권위로 민족의 남성성을 보호하려는 욕구를 불러일으키기 때문에 파시스트 정치의 기본이 된다.

성적 불안

만약 선동 정치가가 국부國父라면, 가부장적 남성성과 전통적인 가족에 대한 그 어떤 위협도 그에게 힘에 대한 파시스트적 비전을 훼손하는 것으로 받아들여질 것이다. 이러한 위협에는 강간과 폭행의 범죄뿐만 아니라 소위 성적 일탈도 포함된다. 성적 불안의 정치는 가족 부양자의 역할과 같은 전통적인 남성 역할이 경제적 상황 때문에 이미 위협을 받고 있을 때 특히 효과를 발휘한다.

파시스트 프로파간다는, 아메리카 퍼스트 운동을 주창하는 찰스 린드버그의 말마따나, '열등한 피'로 순수한 민족을 타락시키는 이종교배와 인종혼합에 대한 두려움을 조장한다. 파시스트 프로파간다는 전형적으로 타자의 위협을 성적으로 표현함으로써 이러한 두려움을 확대한다. 파시스트 정치는 전통적인 가부장적 가족을 기반으로 하기 때문에, 그로부터 벗어나는 것에 대한 공포를 동반하는 것이 특징이다. 트랜스젠더와 동성애자들은 전통적인 남성의 성 역할이 위협받는 것에 대한 불안과 공포를 확산시키기 위해 이용된다.

～～～

역사학자 키스 넬슨은 1970년 논문 「'라인강의 검은 공포': 제1차세계대전 이후 외교의 한 요소로서의 인종」에서, 1919년 프랑스군 소속 아프리카 군인들이 라인란트를 점령했을 때 독일이 집단 히스테리에 사로잡혔던 일을 기록한다.[1] 아프리카 식민지에서 온 프랑스 군인들이 독일 여성들을 집단 강간했다는 가상의 사건에 대한 독일의 프로파간다는 들불처럼 퍼져나갔고, 기사는 에스페란토를 포함한 거의 모든 유럽 언어로 번역되었다. 독일 정부는 프랑스 점령에 대항해 싸우기 위한 수단으로 흑인 남성들이 백인 여성을 집단 강간한다는 인종적 환상을 퍼뜨렸다. 이 프로파간다는 '인종에 민감한' 미국에서 특히 성공적이었다. 1921년

2월 28일, '라인강의 참상에 대항하는 미국행동'이라는 단체는 '부유한 독일계 및 아일랜드계 미국인들이 기부한' 돈으로 1만 개의 팸플릿을 배포했고, '라인강의 참상'에 대항하는 집회를 열어 뉴욕시의 매디슨 스퀘어 가든으로 1만 2천 명의 군중을 끌어들였다. 넬슨은 다음과 같이 쓰고 있다.

> 마찬가지로, 아돌프 히틀러라는 젊은 독일 민족주의자는 "7백만 명의 사람들이 외국인의 지배 아래서 시들어가고 독일 국민의 주요 동맥이 흐르는 땅이 아프리카 흑인 무리의 놀이터가 되었다. [⋯] 흑인을 라인강으로 데려온 것은 유대인이었고 지금도 그렇다. 그들이 싫어하는 백인종을 잡종으로 만들어 파괴하려는 분명한 목표와 한결같은 생각을 언제나 숨긴 채로 그렇게 하고 있는 것이다."라는 생각을 지울 수 없었다.

히틀러에 따르면, 흑인 군인들을 이용하여 순수한 아리안 여성들을 강간함으로써 '백인종'을 파괴하려는 음모의 배후는 유대인들이었다. 1920년대에 미국의

KKK도 이 음모론을 공유했는데, 이들은 흑인 남성들이 백인 여성을 집단 강간하도록 유대인들이 의도적으로 일을 꾸몄다는 공상을 공공연히 주장했다.

"미국의 역사에서, 강간에 대한 거짓 비난은 인종차별에 의해 발명된 가장 가공할 술책의 하나로 등장한다."라고 활동가 앤절라 데이비스는 쓰고 있다. "흑인 강간범이라는 신화는 흑인 사회에 대한 폭력과 테러의 빈발을 설득력 있게 정당화할 필요가 있을 때마다 체계적으로 동원되어왔다."[2] 미국에서 흑인 남성을 린치하는 관행은 백인 미국 여성의 순수성을 방어할 필요성을 주장함으로써 정당화되었다. 역사학자 크리스털 페임스터의 말에 따르면 "남부 백인 남성들은 정치적 이익을 위해 흑인 강간범의 이미지를 [적극적으로 동원했다.]"[3] 사우스캐롤라이나의 벤자민 틸먼 상원의원은 상원 회의장에서 "가난한 아프리카인은 악귀가 되었고, 잡아먹을 사람을 찾는 야수가 되어 우리의 교도소와 감옥을 가득 채우고, 어떤 힘없는 백인 여성을 짓밟고 죽일 수 있을지 보려고 숨어서 도사리고 있다."라고 말했다. 흑인에 대해 성적 불안을 느끼고 선동을 퍼뜨려 수십 년 동안 미국 흑인 남성들이 끔찍한 집단 린치를 당하게 한 것은 백인 **남성**들만이 아니었다.

레베카 라티머 펠턴은 미국 최초의 여성 상원의원이었다. 그녀는 오랜 정치 경력 끝에 1922년 상원에 입성하여 (단 하루만) 재임하였다. 저명한 (백인) 여성 인권 지지자인 그녀는, 1897년 연설에서 흑인 강간범들의 위험에 대해 공언하기까지 하면서 인종차별의 불길에 기름을 부었다. "만약 여자들의 가장 소중한 소유물을 술 취한 탐욕스러운 짐승들로부터 보호하기 위해 린치가 필요하다면, 일주일에 천 번이라도 린치를 가해야 합니다."

위대한 반反린치 십자군 아이다 B. 웰스Ida B. Wells는 자신의 두 팸플릿 「남부의 공포: 린치 법의 모든 국면」 (1892)과 「붉은 기록: 1892-1893-1894년 미국에서 벌어진 린치에 대해 제기된 원인과 통계표」(1894)에서 이러한 서사를 반박하려고 시도하였다. 그러나 많은 역사가들이 기록했듯이, 린치 피해자의 대다수가 강간으로 고발된 것조차 아니라는 웰스의 발견은 사람들에게 좀처럼 받아들여지지 않았다.[4] 미국 전역의 백인들은 흑인 남성이 백인 여성에게 자행한 집단 강간이 만연하며, 린치가 정당하다고 믿었다. 그렇게 믿으면, 흑인 시민들을 평등하게 동료로 받아들이는 데에서 오는 잠재적 지위 상실 때문에 느껴지는 두려움과 불안을 이성적으로 이해할 수 있기 때문이었다. 성적 불안이 극단적이고 편집증적이거나 추상적으로 보일 때에는, 종종 그 이면에 더 실체적인 불안감이 도사리고 있는 것이다.

19세기와 20세기 동안 미국이 느낀 이러한 두려움은 전 세계적으로 반복되어왔다. 2017년 가을, 제2차 세계대전 이후 최악의 인종청소 중 하나가 미얀마를 휩쓸었다. 그 표적은 미얀마의 로힝야족으로 그들은 다수 종교인 불교를 믿지 않는 무슬림이었다. 수백 개의 로힝야족 마을이 완전히 불에 타버렸고, 대량학살과 잔혹한 집단 강간으로 50만 명 이상의 로힝야족이 방글라데시로 도망쳤다. 로힝야족 인종청소라는 말도 못할 정도로 야만적인 군사행동은, 2012년 6월 몇몇 로힝야족 남성들이 한 젊은 불교도 여성을 강간 살인한 사건이 촉발한 사회적 불안에서 비롯되었다. 2014년 소셜미디어에 또 다른 불교도 여성이 강간당했다는 루머가 번지면서 더 큰 폭력 사태가 벌어졌다. 전반적으로 로힝야족에 대한 집단학살을 부채질한 것은, 무슬림들이 불교도 여성들을 겁탈하려는 성적인 음모를 획책하고 있다는 편집증적 이론들이었다. 2014년 『로스앤젤레스 데일리 뉴스』의 한 기사는 "미얀마의 불교 자경

단원들이 무슬림 성 약탈자들에 대한 유언비어로 폭동을 유발하고 있다."라는 헤드라인으로 이 상황을 전했다. 이 기사는 미얀마 전문가들과의 인터뷰를 통해, 수십 년 동안 불교 극단주의자들이 "무슬림 남자들이 자신들의 여자들에 대한 일을 꾸미고 있다."라는 선전을 해온 역사를 기록하고 있다.

인도에서는, 힌두 민족주의자들이 반이슬람 정서를 꾸준히 부추기고 있다. 그들은 이슬람 남성들이 힌두 남성성에 위협을 가한다고 주장하면서 관심을 촉구하는 캠페인을 벌여왔다. 최근에 이런 움직임은 소위 '러브 지하드Love Jihad'에 대한 공포의 형태를 띠었다. 인도 역사학자 차루 굽타는 2014년 8월 『인도 익스프레스』에 기고한 글에서, RSS와 힌두 민족주의 정당 BJP의 일부 파벌들이 조직한 '의식화 집회'와 같은 '공격적이고 조직적인 캠페인'에 주목하라고 호소한다. BJP에 따르면 소위 '러브 지하드' 운동이라는 것이 존재하는데, 이는 결혼과 속임수를 통해 힌두 여성들을 이슬람으로 강제 개종시키는 것이라고 한다. 굽타는 이 캠페인들이 분열을 일으키는 원리들에 기초하고 있으며, 이는 "무슬림 남성의 공격적이고 성적인 충동을 지속적이고 반복적으로 언급하면서 공동의 '적敵인 타자'를 만들어냄으로써" 유지된다고 덧붙였다. 그녀는 "여성의 이슬람 개종을 '사생아' 상황으로 인지하여, 위반·침범·유혹·강간이라고 고함을 질러대는" "문화적 처녀성의 정치와, 순결의 신화" 앞에서 힌두인들이 "논리적 사고력"을 상실하였다고 비판한다.[5]

이 글을 쓰고 있는 지금 미국에서도 우리는 이민자 집단을 강간과 연결 짓는 프로파간다의 공세 앞에서 '논리적 사고력'이 상실되는 것을 목격하고 있다. 트럼프가 미국으로 이민 온 멕시코인들을 강간범이라고 비난하며 선거운동을 시작했다는 것은 잘 알려진 사실이다. 2017년 9월 26일 『뉴욕 타임스』에 기고한 글에서 케이틀린 디커슨Caitlin Dickerson은 아이다호의 트윈 폴스라는 소도시에서 일어난 일에 대해 썼다. 7살, 10살, 14살의 난민 소년 3명이 5살 미국 소녀와 어떤 성행위를 했다는 혐의를 받고 있었다. 그 직후, 이 사건에 대한 페이스북 단체가 만들어졌고 "어린 소녀가 칼로 위협당해 집단 성폭행을 당했고, 가해자들은 시리아 난민이며 그들의 아버지는 하이파이브를 하면서 그들과 함께 축하했다."라고 주장하는 인터넷 기사 링크가 등장했다. 곧이어 방문자 수가 가장 많은 인터넷 사이트 중 하나인 '드러지 리포트Drudge Report'는 "아이다호에서 시리아 '난민들' 어린 소녀를 칼로 위협하여 강간하다."라는 헤드라인으로 사건을 보도하였다. 기사들은 모두 가짜였다. 디커슨의 보고에 따르면, 일단 트윈 폴스에는 시리아 난민이 없었다. 그런 공격이 있었는지도 전혀 확실하지 않았다.(경찰관은 사건 당시 휴대전화 영상을 토대로, 인터넷에 떠도는 내용은 "정확하기는커녕 100퍼센트 거짓"이라고 말했다.) 그런데도, 이 가짜 뉴스들 때문에 트윈 폴스의 공무원들이 위협과 괴롭힘을 당하는 일이 벌어졌고, 지역사회의 난민들에 대한 분노가 폭풍처럼 몰아쳤다. 간단히 말해서, 가짜 뉴스들은 난민들이 미국 백인 소녀들에게 가하는 성적 위험에 대한 도덕적 공황을 불러일으켰는데, 이 공황은 오래도록 가라앉지 않았다.

트럼프 선거운동의 (그리고 그의 행정부에서도 여전한) 수사법은, 중동 이민자들이 유럽에서 백인 여성을 강간한다는 가짜 뉴스를 퍼뜨린 러시아 선전 매체의 전술과 유사하다. 2017년 9월 『뉴욕 타임스』에 실린 짐 루텐버그Jim Rutenberg의 기사에서 다뤄진 예를 들자면, 2016년 러시아의 선전 매체들은 한 중동 이민자가 베를린에서 13세 소녀를 강간했다는 가짜 스캔들을 만들어내려고 시도했다. 다수의 언론 매체들이 이 강간 사건에 대한 기사를 내보냈고, 이는 독일계 러시아인들 사이에서 분노를 불러일으켰으며, 결국 700명의 사람들이 일어나지도 않은 사건에 항의하기 위해 모이는 지경에 이르렀다. 러시아 언론 보도와 러시아 가짜 뉴스 기사가 집단적 분노를 자극한 것이었다. 이 모든 것이 1920년대 '라인강의 검은 공포'에 관한 독일 프로파간다 캠페인의 확산을 거울처럼 섬뜩하게 반영하고 있다는 사실을 놓고 보면, 이러한 종류의 '가짜 뉴스'가 소셜미디어가 가져온 현대적 혁명의 결과라는 유행하는 견해는 아무래도 받아들이기 힘들다.

~~~

가부장적 남성성은 사회가 남성들에게 가족의 유일한 보호자이자 부양자의 역할을 하게 해줄 것이라는 기대를 불러일으킨다. 극심한 경제적 불안의 시기에, 성소수자를 공격하는 선동은 성평등의 증가 때문에 지위를 상실하고 있다고 생각해 이미 불안해진 남성들을 쉽게 공황에 빠뜨릴 수 있다. 여기서 파시스트 정치는 불안의 근원을 의도적으로 왜곡한다.(파시스트 정치인은 경제적 어려움의 근본 원인에 대해 다룰 생각이 전혀 없다.) 파시스트 정치는 경제적 불안으로 고조된 남성의 불안을 뒤틀어서, 전통적 가족구조를 거부하는 사람들이 가족의 존재를 위협하고 있다는 두려움으로 바꾼다. 다시금 여기서도, 파시스트 정치는 성폭행의 잠재적 위협을 무기로 사용한다.

2016년 3월 노스캐롤라이나 의회는 소위 '화장실 법안'이라고 하는 하원 법안 2호를 통과시켰다. 이 법은 지역 교육위원회가 '성별 분리 화장실' 설치를 강제하도록 규정하고 있는데, 이는 트랜스젠더들이 출생 성별의 화장실을 사용해야 한다는 것을 의미한다.(그래서 트랜스젠더 소녀는 소년의 화장실을 사용해야 할 것이다.) '화장실 법안'을 둘러싼 전체 논쟁은 트랜스젠더 소녀들이 시스젠더(비-트랜스젠더) 소녀들에게 가하는 위협에 초점을 맞췄다. 이 법안의 후원자들과 지지자들은 트랜스젠더 소녀들이 성적 포식자일 가능성이 높다고 주장하면서 그 법안을 추진했다. 공화당 소속의 팻 맥크로리 노스캐롤라이나 주지사는 하원 법안 2호가 노스캐롤라이나의 여성들을 보호하기 위해 필요하다고 주장하면서 법안에 서명하기로 한 결정을 정당화했다. 2016년, 12개 이상의 미국 주에서 입법기관들이 하원 법안 2호를 모델로 한 화장실 법안 추진을 고려했다.

줄리아 세라노는 대표작인 『휘핑 걸』에서 트랜스 여성들은 여성성을 **선택하기** 때문에 가부장적 이데올로기에 심각한 위협이 된다고 설명한다.

> 남성이 여성보다 우수하고 남성성이 여성성보다 우월하다고 가정되는 남성 중심의 젠더 위계 구조에서, 남성이며 남성의 특권을 물려받았는데도 여성이 되기를 '선택'하는 트랜스 여성의 존재는 무엇보다도 큰 위협으로 느껴진다. 우리 자신의 여성성과 여성스러움을 끌어안음으로써, 우리는 어떤 의미에서 남성성과 남자다움의 소위 우월성이라는 것에 대해 의심의 그림자를 드리운다. 우리가 남성 중심의 젠더 위계에 가하는 위협을 줄이기 위해, 이 문화는 (주로 미디어를 통해) 전통적인 성차별의 무기고에서 꺼낸 온갖 전술을 사용하여 우리를 쫓아내려 한다.[6]

2007년 세라노의 책이 처음 출간된 이후 트랜스 여성에 대한 수사학적 공격이 미국 정치의 중심으로 옮겨갔다. 젠더 위계가 파시스트 이데올로기에서 갖는 중요성을 고려할 때, 정치인들이 트랜스 여성에 대한 집단 히스테리를 조장하려고 노력해왔다는 사실은 놀라운 일이 아니다. 이러한 노력을 파시스트 정치 전술의 한 예로, 파시스트 정치가 부상하고 있다는 신호로 이해한다면 말이다. 반대로 트랜스 여성이 점점 더 받아들여지고 있는 것은 자유민주주의 규범에 대한 강력한 긍정이다.

파시즘에서 가부장적 가족이 얼마나 중요한지를 떠올려보자. 파시스트 지도자는 전통적 가족의 'CEO'인 가부장적 아버지와 유사하다. 가부장적 가정에서 아버지의 역할은 어머니와 아이들을 보호하는 것이다. 파시즘이 트랜스 여성을 공격하고, 이 두려운 타자를 민족의 남성성에 대한 위협으로 묘사하는 것은, 남자다움이라는 생각 자체를 정치적 관심의 중심에 놓고, 물리력을 통한 지배와 위계의 파시스트적 이상을 공공영역에 점차 도입하는 방법이다.

마리아 슈미트Mária Schmidt는 부다페스트에서 '헝가리 테러 하우스' 박물관을 운영하는 헝가리의 극우 역사학자이다. 빈대학교의 언어학 교수인 요한나 락소는 웹사이트 '헝가리 스펙트럼'에 실은 슈미트의 2017년 저서 『언어와 자유Language and Freedom』에 관한 기고문에서, 슈미트의 적이 "이슬람 이민자, 좌파 자유주의자 엘리트, 조지 소로스"라고 말한다.[7] 같은 글에서 락소는, 독일에 약 100만 명의 시리아 난민을 수용하기로 한 앙겔라 메르켈의 결정에 대해 슈미트가 비판한 대목을 인용했다. 슈미트는 이렇게 썼다.

> 정상적인 남자나 소년은 자신의 의무가 무엇인
> 지 알고 있을 것이고, 그렇기에 아내, 딸, 어머니
> 또는 여동생을 지킬 것이다. 그러나 오늘날 이
> 독일인들만은 너무나 세뇌되어 남자답지 않게
> 변해버려서, 그렇게 할 능력조차 없게 되었다.

슈미트는 시리아 난민들을 대규모로 받아들인 탓에 독일에서 가부장적 성 역할이 쇠락했다고 비난한다. 이 설명의 커다란 논리적 공백을 메우는 것은 쇠락 이전에 파시스트의 신화적 과거가 존재했다는 슈미트의 가정인데, 과거에는 남성들이 외국의 영향으로부터 여성들을 '보호하는' 전통적인 가부장적 성 역할을 수행했다는 것이다.

여성과 아이들을 보호하는 남자의 능력이 위협받고

있다고 강조하면, 파시스트 정치인들에게 어려운 정치적 문제가 해결된다. 자유민주주의에서 자유와 평등을 노골적으로 공격하는 정치인은 대중들에게 지지를 얻기 어렵다. 그래서 성적 불안을 조장하는 정치적 전술은 안전이라는 미명하에 이 문제를 피해가는 한 가지 방법이다. 이 방법을 사용하면, 자유민주주의의 이상을 공격하고 훼손하면서도 대놓고 그렇게 하는 것으로 보이지 않을 수 있다.

성적 불안의 전술을 사용함으로써, 정치 지도자는 간접적으로나마 자유와 평등을 위협으로 보이게 만들 수 있다. 성 정체성이나 성적 지향을 표현하는 것은 자유를 행사하는 일이다. 그런데 파시즘 정치는 동성애자나 트랜스젠더 여성을 여성과 어린이에 대한 위협으로 (나아가서는 남성의 보호 능력에 대한 위협으로) 제시함으로써, 자유주의적 자유의 이상을 의문시한다. 여성이 임신중절을 할 수 있는 권리도 자유의 행사이다. 파시즘 정치는 임신중절을 어린이에 대한 (그리고 남성의 통제에 대한) 위협으로 표현함으로써, 자유주의적 자유의 이상을 의문시한다. 자신이 원하는 사람과 결혼하는 권리는 자유의 행사다. 이종혼의 가능성 때문에 특정 종교나 인종의 구성원을 위협적인 존재로 나타내는 것은 자유주의적 자유의 이상을 의문시하는 일이다.

성적 불안의 정치는 평등 또한 위태롭게 만든다. 여성에게 평등이 주어지면, 가족의 유일한 부양자로서 남성의 역할은 위협받는다. 아내와 자녀에 대한 성적 위협 앞에서 남성이 속수무책이 되는 상황을 부각시키면, 가부장적 남성성을 상실한 데 대한 불안감을 강화시킬 수 있다. 성적 불안의 정치는 자유와 평등을 근본적인 위협으로 제시하면서도, 대놓고 거부하는 것처럼 보이지 않을 수 있는 강력한 방법이다. 성적 불안의 정치가 강하게 존재하는 것은 어쩌면 자유민주주의의 침식을 가장 생생하게 보여주는 신호일 것이다.

그다음으로 정치인들은 성적 일탈과 폭력적 위협이 가장 지독하게 집중되어 있는 원천 지대로 관심을 돌린다. 국제적 도심지가 그곳이다. 「창세기」에서 하느님은 소돔과 고모라를 그 사악함과 죄 때문에 멸망시키기로 결정한다. 『성서』 본문에서 이 도시들이 멸망한 이유를 어떤 죄 때문이라고 말하는지에 대해서는 논란이 있다. 하지만 학문적 연구와는 상관없이, 역사적 상상 속에서 그 죄는 성적인 것으로, 특히 동성애로 여겨져 왔다. 수사학과 문학에서 도시는 오랫동안 퇴폐와 죄악의, 특히 성적 퇴폐와 죄악의 장소로 다루어져 왔다. 소돔과 고모라는 성적 불안의 원천에 대한 성서적 기준점으로, 동성애와 인종 혼합 그리고 파시스트 이데올로기에 반하는 다른 죄악들이 가장 많이 벌어지는 곳이다.

소돔과 고모라

~~~~~~~~~~

그날 오후 시골 별장에서 나는 한 남자에게서
총을 쏘는 법을 배웠는데, 그는 토끼를 식용으
로 기르지만 토끼를 죽일 마음은 없는 사람이었
다. 동물 애호가인 그는 이 지역 특유의 문화적
태도에 대해 이렇게 설명했다. "예를 들어, 만
약 동성애자들이 우리 마을에 온다면, 우리는
그들을 죽일 겁니다."

— 니콜라스 퓰너, 『섬에는 밀물과 썰물만이』

『나의 투쟁』 1장의 제목은 「나의 고향」이다. 단 세 쪽
반밖에 안 되는 짧은 장이다. 이 책에서 히틀러는 그의
출생지인 "두 독일 국가 사이의 국경선에 위치한 작은

마을" 브라우나우 암 인에 경의를 표하며, 독일 민족의 자부심으로 차 있는 근면하고 성실한 사람들의 마을이라고 말한다. 애석하게도 "가난하고 가혹한 현실" 때문에 그는 이 목가적인 작은 고향 마을을 떠나게 되었고 "옷가지가 가득 든 여행 가방을 들고 결의에 차서 빈으로 갔다."

『나의 투쟁』의 두 번째 장인 「빈에서의 공부와 투쟁」은 오스트리아에서 가장 크고 가장 국제적인 도시에 대한 히틀러의 경험을 다루고 있다. 그 첫 페이지에 따르면 빈은 "독이 있는 뱀"이다. "그 독이 있는 송곳니를 알기 위해서는" 그곳에 살아야 한다. 히틀러는 빈을, 역겹도록 퇴폐적인 복제물을 만들어내느라 전통적인 게르만 문화를 맹비난하고 모욕하는 유대인들이 지배하고 조종하는 도시로 묘사한다. 히틀러는 게르만 민족의 자부심이 결여되었다고 빈을 비난한다. 무엇보다도, 히틀러는 빈의 세계시민주의를, 다양한 문화와 인종집단의 혼합을 경멸한다. "나는 수도에 즐비한 인종들의 혼합이 싫었다. 나는 체코인, 폴란드인, 헝가리인, 루테니아인, 세르비아인, 크로아티아인, 그리고 무엇보다도 그 어디에나 곰팡이처럼 피어올라 있는 유대인 또 유대인, 그것들이 잡다하게 섞여 있는 게 싫었다."[1]

독일에는, 도시를 사회 병폐의 원인으로 보는 반면 시골은 정화의 본령으로 보는 낭만주의적인 전통이 있었다. 국가사회주의 이데올로기는 이런 생각을 극단으로 몰고 갔다. 순수한 독일의 가치는 시골의 가치였으며 농민들의 삶에서 실현되는 것이었다. 반면에 도시는 인종적 오염의 장소였고, 순수한 북유럽의 피가 다른 사람들과 섞여 망쳐진 곳이었다. 히틀러는 미간행된 2권의 2장에서 다음과 같이 쓰고 있다.

한 민족의 평화적 경제정책에 수반되는 특별한 위험은, 초기에는 민족의 땅과 영토의 생산성에 비례하지 않게 인구 증가를 허용한다는 사실에 있다. 종종, 너무 많은 사람들이 불충분한 레벤스라움[Lebensraum, 생활권]으로 몰려드는 바람에 어려운 사회문제가 발생하게 된다. 이제 사람들은 작업장으로 몰려드는데, 이곳은 문화적 장소라기보다는 (온갖 악과 범죄와 질병이 하나로 뭉쳐 있는 것 같은 곳으로) 사람의 몸에 난 농양을 닮은 곳이다. 여기는 무엇보다도 피가 섞이고 잡종이 생겨나는 온상으로, 대개 인종의 퇴화를 만들어내고 화농성 무리를 이루

는데, 그 안에서는 국제 유대인 공동체의 구더
기들이 우글대어 결국에는 민족을 부패시키고
만다.[2]

　국제적 대도시와 그 문화적 생산물에 대한 히틀러의
비난은 파시스트 정치의 표준이다. '할리우드' 또는 그
에 해당하는 지역은 흔히 유대인들이 지배하는 곳으
로 상정되는데, 이곳들은 '변태적인' 예술을 생산함으
로써 전통적인 가치와 문화를 언제나 파괴하는 지역이
다. 알프레트 로젠베르크는 자신이 설립한 '독일 문화
투쟁 동맹Kampfbund für deutsche Kultur'의 1930년 선언에서
"오늘날 거의 모든 대도시의 극장이 변태적 본능의 현
장이 되었기에, 국민에게 해로운 극장의 모든 풍조에
대한 저항을 촉구한다. 우리의 정의 개념들은 부패하
여 착취하는 큰 사기꾼들에게 사실상 자유재량을 주고
있다. 우리는 이 부패가 계속 퍼져나가는 것에 맞서 싸
워야 한다."라고 주장했다.[3]

　파시스트의 상상 속에서 도시는 유대인과 이민자들

이 만들어내는 타락한 문화의 원천인 반면, 시골은 순수한 곳이다. 「농부와 농업에 대한 당의 태도에 관한 공식 성명」은 1930년 나치당 기관지 『푈키셔 베오바흐터』에 (그 실제 저자는 불분명하지만) 히틀러의 서명과 함께 발표되었다. 이 글에는 국가의 진정한 가치는 농촌 인구에 있으며 국가사회주의자들에게 "농민은 건강한 민족적 계승의 주역이며 젊음의 샘이자 군사력의 중추"라는 나치 이데올로기에 대한 간결한 진술이 담겨 있다. 파시스트 정치에서, 가족 농장은 국가 가치의 초석이고 가족 농장 공동체는 군대의 근간이 된다.[4] 국가 가치의 이 생명 중추를 보존하기 위해서는 도시로 유입되는 자원들을 농촌 지역으로 돌려야 한다. 그리고 농촌 사회는 민족의 순수한 피의 원천이기 때문에, 이민을 통해 외부의 피가 섞여 더럽혀져서는 안 된다. "국내 농업 노동자의 처지를 더 낫게 만들고 땅을 떠나지 않게 만들면, 외국인 농업 노동력을 수입할 필요가 없게 되므로, 외국인의 유입을 금지해야 할 것이다."라는 것이 나치의 공식 정책이었다.[5]

2017년 6월 『워싱턴 포스트』와 카이저 재단의 공동 조사에 따르면, "미국 도시와 농촌 지역사회 사이의 가장 큰 격차 중 하나는 이민자에 대한 태도이다."[6] 여론

조사에서 농촌 주민의 42퍼센트가 "이민자들은 우리의 일자리와 주택, 의료 서비스를 빼앗기 때문에 우리나라에 부담이 된다."라는 데 동의했다. 도시 거주자의 16퍼센트만이 이민자를 부담이라고 말하는 이 진술에 동의했다. 이 여론조사는 시골 대 도시라는 정치적 전술이, 특히 이민이라는 주제를 둘러싸고, 선동적인 미국 정치인들이 분열을 심는 데 이용할 수 있는 유망한 방안임을 시사한다.

2017년 프랑스 대선 기간 중 4월 21일 『가디언』에 실린 한 기고문은 국민전선과 그 대선 후보인 마린 르펜의 근거지를 "대도시에서 멀리 떨어진 소도시와 시골 마을에 사는 사람들"이라고 묘사하고 있다. 르펜의 '강경 안보와 반이민' 메시지는 당에 대한 농촌의 지지가 급증하는 결과를 가져왔는데, 그런 지역에서는 "심지어 이민자가 거의 없는 곳인데도" 반이민 정서가 깊이 만연해 있었다. 1차 투표에서 르펜은 프랑스 수도이자 최대 도시인 파리에서 5퍼센트 미만의 표를 얻었음에도 불구하고, 에마뉘엘 마크롱에 근소한 차이로 뒤진 2위를 차지했는데, 이는 '대도시와 지방 간의 정치적 균열로 지적되는 지역적 결과'였다.[7] 에마뉘엘 마크롱이 압승한 최종 투표에서도 농촌과 도시 간 분열은 여

전했다. 2017년 5월 12일 BBC의 기사는 이러한 지지의
차이를 요약한다.

> 마크롱은 열 명의 유권자 중 아홉 명의 지지를
> 받은 파리를 포함하여, 대도시에서 가장 높은
> 점수를 받았다. 도시가 그의 가장 강한 지지 지
> 역이었다. 반면 르펜의 가장 큰 지지는 시골 지
> 역에서 나왔다.[8]

2016년 미국 대선에서도 비슷한 일이 벌어졌다. 도널
드 트럼프의 거친 반이민 언사는 이민자가 거의 없는
농촌 지역에서 특히 인기를 끌었다.

〰️

파시스트 정치는 대도시 바깥의 사람들을 겨냥하며
그들의 비위를 맞추는 메시지를 보낸다. 그 메시지는
1930년대 유럽에서 일어난 것처럼, 경제력이 신흥 세
계경제의 중심지인 대도시 지역으로 이동하는 세계화
시대에 특히 반향을 일으킨다. 파시스트 정치는 세계
화된 경제가 시골 지역에 끼치는 피해를 강조하며, 자

유 도시들의 성공이 전통적인 시골의 자급자족 등의 가치를 문화적으로나 경제적으로 위험에 처하게 만든다고 경고한다.

2014년 미네소타 의회 선거에서 공화당의 물살이 다수당인 민주당을 뒤엎었다. 2015년 1월 25일, 『스타 트리뷴Star Tribune』의 한 기사에서 패트릭 콘던Patrick Condon은, 민주당의 제이 맥나마르Jay McNamar가 공화당 상대 후보에게 '도시놈 제이'라고 조롱당한 사건을 포함해, 세인트폴의 상원 사무실 건물 신축, 동성 결혼 합법화, 미네소타에 건강보험 개혁법을 도입하려는 시도 등의 수많은 지역 및 국가 이슈들을 언급하며 공화당의 승리를 설명했다. 미네소타 외곽 지역의 공화당 후보들은, 대도시 민주당원들이 국가의 재정적 이권을 쟁여두고서 자신들의 가치를 소도시에 강요하고 있다는 불안감을 선거에 이용했던 것이다.

미네소타의 도시 거주자들이 근면한 미네소타 시골 주민들의 세금으로 생활하고 있다는 만연한 인식은, 2014년 미네소타에서 공화당이 승리는 거두는 데 강력한 힘이 됐다.(콘던은 한 미네소타 시골 주민의 말을 인용했다. "저희가 낸 세금의 많은 부분이 대도시 지역의 도시 개발에 쓰이고 있더라고요. 우리도 우리 몫을 원합니다.

우리도 좋은 도로가 있으면 좋겠어요.") 그렇지만 세계화
시대에 시골과 도시의 분열을 가중시키는 정치에서 전
형적으로 볼 수 있듯, 그 인식은 완전히 허황된 것이었
다. 세계화된 경제의 영향을 받는 다른 많은 곳과 마찬
가지로 미네소타에서도 "주정부의 경제 엔진으로서
주의 구석구석까지 흘러 들어가는 세금이 걷히는 곳
은" 대도시 지역이었기 때문이다.

파시스트 정치는 열심히 일하는 시골 주민들이 게으
른 도시 거주자들의 비용을 부담하기 위해 돈을 내고
있다는 모욕적인 신화를 부채질한다. 그래서 그 성공
기반이 시골 지역에서 발견되는 것은 놀라운 일이 아
니다. 니코 파쉬어는 나치당에 대한 지지도를 조사한
1980년 논문, 「나치 압승의 선거지형」에서 "시골, 특히
농업 지역에서 나치즘이 폭넓은 지지를 얻었으며" 나
치당이 "소규모 농장, 다소 균질한 사회구조, 강한 지
역 연대감, 그리고 사회적 통제가 있는 지역들에서 특
별한 성공을 거두었다."라고 지적한다.[9]

파시스트 정치인들이 도시를 공격하기 위해 사용한
주장의 정확성 여부는 그들의 성공에 딱히 영향을 미
치지 않는다. 이러한 메시지는 도시에 살고 있지 않은
유권자들에게 반향을 일으키지만, 도시 거주자들에

게 호소할 필요는 없다. 반反도시 수사법은 2016년 미국 대통령 선거에서 핵심적인 역할을 했다. 2016년과 2017년 미국의 강력범죄율은 역사상 가장 낮은 수준이었다.(가장 눈에 띄는 강력범죄인 대량 총기 난사 사건들은 도시 지역과 딱히 관련이 없었고, 이를 저지른 사람들은 대개 백인 남성이었다.) 도시는 번창하고 있었다. 미국의 '밀레니얼 세대'는 교외 지역보다 도시 지역을 선호하는 경향이 있었고, 도시 지역은 엄청난 부흥을 겪고 있었다. 1970년대와 1980년대에 할렘과 같이 황폐한 도시 빈민가의 전형으로 여겨졌던 지역들은 좋든 나쁘든 엄청난 젠트리피케이션과 가파른 집값 상승을 겪었다.

그럼에도 불구하고, 도널드 트럼프 미국 대통령은 2016년 미국 대선 유세 기간과 그 이후에도, 미국 도시들이 살육과 질병의 장소라고 자주 말했다. 예를 들어, 2017년 1월 14일 트윗에서 당시 대통령 당선자 트럼프는 "불에 타고 범죄가 들끓고 있는 미국 도심 지역"이라고 말했다. 미국 도시들이 놀라울 만큼 젠트리피케이션을 겪고 있음에도 불구하고, 트럼프는 도시에 흑인들로 가득 찬 빈민가들이 있다고 계속해서 말한다. 그의 선거 연설 중 전형적인 한 구절은 다음과 같다.

"우리 아프리카계 미국인 사회는 그 어느 때보다도 완전 최악의 처지에 놓여 있습니다. 도심지를 한번 보세요. 교육도 받지 못하고, 일자리도 얻지 못하고, 길을 걷다 총에 맞기도 합니다."

그러나 그 당시 미국의 도시들은 몇 세대 사이에 가장 낮은 범죄율과 낮은 실업률을 누리고 있었다. 도시에 대한 트럼프의 수사법은 더 일반적인 파시스트 정치의 맥락에서 보면 이해가 된다. 파시스트 정치가에게 도시는 질병과 역병의 중심지이며, 다른 사람들의 노동으로 먹고 사는 경멸스러운 소수집단들로 가득 찬지저분한 빈민가들이 늘어선 곳이기 때문이다.

〰〰

시골 지역에 대한 파시스트 정치의 호소는, 도시 중심부에 매우 종교적인 구역이 있는 나라에서는 눈에 잘 띄지 않을 수 있다. 시골 출신의 가난한 노동자들이 이미 권위주의 지도자들의 포퓰리즘 경제정책의 혜택을 받는 구역이 있는 도시에서도 그러하다. 레제프 타이이프 에르도안은 터키에서 가장 큰 도시인 이스탄불의 시장으로 국가적인 정치 경력을 쌓기 시작했다. 이스탄불에는 보수적인 종교 유권자들이 지배하는 큰 구역들이 있는데, 이는 그의 초기 지지 기반이 되었다. 그리고 에르도안의 포퓰리즘 경제정책은 이스탄불의 방치된 빈곤층에게도 혜택을 주었다. 그러나 1999년, 에르도안은 "종교적으로 보수적이고 강경한 남동부 지역의 한 도시인" 시이르트에서 세속주의에 반하는, 매우 논란이 되는 연설을 하였는데, 이 때문에 그는 "종교적 차이에 기반한 증오를 부추긴" 죄로 수감되었다.[10] 에르도안이 점점 더 파시스트 정치에 빠져들면서 그의 지지 기반은 시골 지역으로 옮겨갔다. 2017년 에르도안에게 사실상 독재권력을 부여하는 국민투표에서 터키의 가장 큰 도시 세 곳은 모두 반대표를 던졌다. 국민투표가 통과된 것은 오로지 그가 이 중심 지역들 바깥에서 강력한 지지를 받았기 때문이었다.

대도시 중심부는 특히 다원성의 정도가 높은 경향이 있다. 도시에서는 매우 높은 정도의 인종적·종교적 다양성뿐만 아니라 몹시 다양한 생활양식과 관습을 발견할 수 있다. 국가사회주의에 관한 문헌은, 도시 지역에는 그래도 어느 정도의 관용이 있어서 나치의 표적이 된 주민들이 적어도 한동안이나마 보호를 받았다는 견해를 뒷받침한다. 리하르트 그룬베르거에 따르면,

"마을과 소도시에 사는 유대인들은 창문이 깨지고 신체적인 공격을 받는 일을 겪었으며, 때로는 죽임을 당하기까지 했다. 그래서 그들은 프랑크푸르트나 베를린과 같은 대도시 중심부에서 얻을 수 있는 익명성과 집단적 위안을 찾아 나섰다. [⋯] 시골 지역은 일반적으로 도시 지역보다 반유대적인 경향이 더 컸다. 도시들에서, 반유대인 감정은 [도시의] 크기에 거의 반비례했다."[11]

파시스트 이데올로기는 다원주의와 관용을 거부한다. 파시스트 정치에서 선택된 민족의 모든 사람들은 종교와 생활방식, 관습들을 공유한다. 따라서 대도시 중심부의 다양성과 다름에 대한 관용은 파시스트 이데올로기에 위협이 된다. 파시스트 정치는 금융 엘리트, '코스모폴리탄', 자유주의자, 그리고 종교적·민족적·성적 소수자를 표적으로 삼는다. 많은 나라에서, 이들은 주로 도시 주민이게 마련이다. 그러므로 도시는 파시스트 정치가 고전적인 적들을 공격할 때, 편리한 대리 표적이 된다.

～

파시스트 이데올로기에서 농촌 생활은 강력한 힘을 품고 있는 자급자족의 기풍을 따르는 것으로 그려진다. 농촌 사회에서는, 도시의 '기생충'과는 달리 국가에 의존할 필요가 없다. 히틀러는 빈 시절에서 자신이 얻은 한 가지 교훈에 대해서 쓴다. "복지사업은 결코 사회적 과업이 될 수 없으며, 우스꽝스럽고 쓸모없을 따름이다. 우리의 사회적 과업은, 개인의 저급화로 끝날 수밖에 없는 우리의 경제·문화 생활의 조직 속에 깊게 뿌리내린 잘못들을 제거하는 것이어야 한다."[12] 리하르트 발터 다레는 나치의 지도급 사상가이자 친위대의 고위 사령관 중 한 사람이다. 1929년 다레의 논문 「북유럽 인종을 이해하는 열쇠로서의 농민」의 논지는, 진정한 자유가 농민의 시골 농경 생활 속에서만 실현된다는 것이다. 시골 생활에서는, 도시 거주자들처럼 '기생충'이 되는 대신 "자신의 능력에 기대어" 자급자족할 수밖에 없다고 다레는 주장한다.[13]

파시즘에서 국가는 적이다. 국가는, 인종적 또는 종교적 영광이라는 공동의 목표를 위해 자신을 희생하기로 선택한 자족적인 개인들로 이루어진, 민족에 의해 대체되어야 하는 것이다. 우리는 다음 장에서 한 가지 긴장을 탐구하게 될 텐데, 거기서 파시스트 이데올로기는, '국가'로부터의 자유와 자족이라는 자유지상주의 적libertarian 이상과 적어도 표면적으로는 유사한 어떤 성격을 보여준다.

국가를 부흥시키기 위해, 파시스트 운동은 감소하는 출산율을 되돌리는 데 집착한다. 헌신적인 주부가 자녀들을 양육하는 대가족이 그 목표다.[14] 파시스트 정치에서, 도시는 출산율 감소의 현장으로 맹비난을 받는다. 세계시민주의가 남성과 여성들이 전통적 (예를 들어 군인과 어머니 등의) 성 역할을 이행할 수 있는 능력을 떨어뜨려 인구 증가에 악영향을 끼친다고 추정되기 때문이다. 이탈리아의 파시스트 지도자 베니토 무솔리니는 1927년 한 연설에서 다음과 같이 말했다.

어느 시점에서 도시는 걷잡을 수 없이 병적으로 성장하기 시작합니다. 그것도 그 자신의 자원이 아니라 외부의 지원을 통해서 말이죠. […] 시민들의 불임이 증가하는 것은 도시의 빠르고 엄청난 성장과 직접적인 관련이 있습니다. 대도시가 확산되어가면서 시골에서 온 사람들이 모여드는데, 그들은 도시화되자마자 이미 그곳에 살고 있던 주민들처럼 불임이 되는 겁니다.

[…] 도시는 죽고, 이제 민족은 […] 무방비의 국경에 공격을 가하는 젊은 사람들에 맞서 자신을 방어할 수 없는 늙고 퇴화한 사람들로 이루어지게 됩니다.[15]

무솔리니는 뉴욕과 같은 세계의 대도시들이 유색인들로 바글거린다고 맹비난한다. 파시스트 이데올로기에서, 도시는 민족의 구성원들이 자식도 없이 늙어 죽으러 가는 장소이며, 그들을 둘러싼 경멸스러운 타자들의 거대한 무리가 통제 불능으로 번식하여 그 자녀들이 국가에 영구적인 부담을 주는 곳이다.

파시스트 세계관에서 도시는 사람들이 생존과 안락을 위해 공공 기반시설인 '국가'에 의존하고 있는 집단기업이다. 도시 거주민들은 파시스트 신화에서와 같이 사냥이나 식량 재배를 하지 않는다. 가게에서 구입할 뿐이다. 이는 농촌의 농업 자급자족이라는 파시스트적 이상과 배치된다. 파시스트 이데올로기에서 부양을 담당하는 것은 국가가 아니라 민족이다. 공동체로 활동하는 자족적 개인들로 이루어진 인종적으로나 종교적으로 순수한 작은 공동체들이 그것이다. 우리는 이 이데올로기의 분명한 증거를 오늘날 미국에서도 발견할 수 있다. 앞서 219~220쪽에서 논의했던 2017년 여론 조사에 따르면, 근면과 자급자족에 대한 인식을 둘러싼 조사에서는 시골과 도시 응답자 사이에 특히 큰 격차가 있었다. "어떤 사람이 가난한 경우에, 그 주된 이유가 대체로 무엇이라고 당신은 생각하는가?"라는 물음에, 시골 거주민의 49퍼센트가 "자신의 노력 부족 때문"이라는 응답에 동의했고, 46퍼센트는 "자신이 통제할 수 없는 어려운 상황 때문"이라는 응답에 동의했다. 이에 반해, 도시 거주민 중 37퍼센트만이 "자신의 노력 부족 때문"이라는 응답에 동의했고, 56퍼센트가 "자신이 통제할 수 없는 어려운 상황 때문"에 동의했다.

　도시에 사는 소수집단들을 시골 사람들의 정직한 노고를 먹고 살아가는 쥐나 '기생충'으로 표현하는 것은 파시스트 정치의 특징이다. 히틀러는 『나의 투쟁』에서 다음과 같이 썼다.

　　원래 아리안족은 아마 유목민이었을 텐데, 세월이 흐르면서 정착하게 되었을 것이다. 이는 적어도 아리안족이 유대인은 결코 아니었다는 것을 증명한다! 그렇다, 유대인은 유목민이 아니다. 유목민조차도 이미 '일'이라는 개념에 대해 분명한 태도를 가지고 있었기 때문이다.
[…] 그러나 유대인에게는 그런 관념이 있을 수
가 없다. 유대인은 결코 유목민이 아니었고, 언
제나 다른 민족들의 몸 속에 있는 기생충이었던
것이다.[16]

국가사회주의 교육체계에서, "공장 노동자, 벽돌공,
대장장이, 자물쇠공, 광부, 농부, 미장공 등의 직업에
서는 유대인이 보이지 않는다. 즉, 유대인은 손으로 하
는 일을 피하고, 힘든 노동을 피하면서 '이웃의 땀으로
먹고 산다. 나무 위의 겨우살이와 같은 기생충인 것이
다.'"[17] 파시스트 정치에서, 도시에 사는 소수민족의 게
으름을 고칠 수 있는 방법은 강제 중노동을 시키는 것
밖에 없다. 나치 이데올로기에서 중노동은 놀라운 힘
을 가진 것이었다. 그것은 태생적으로 게으른 인종을
정화할 수 있는 방법이었기 때문이다.

노동이 그대를 자유케 하리라

ARBEIT MACHT FREI

HOW

FASCISM

WORKS

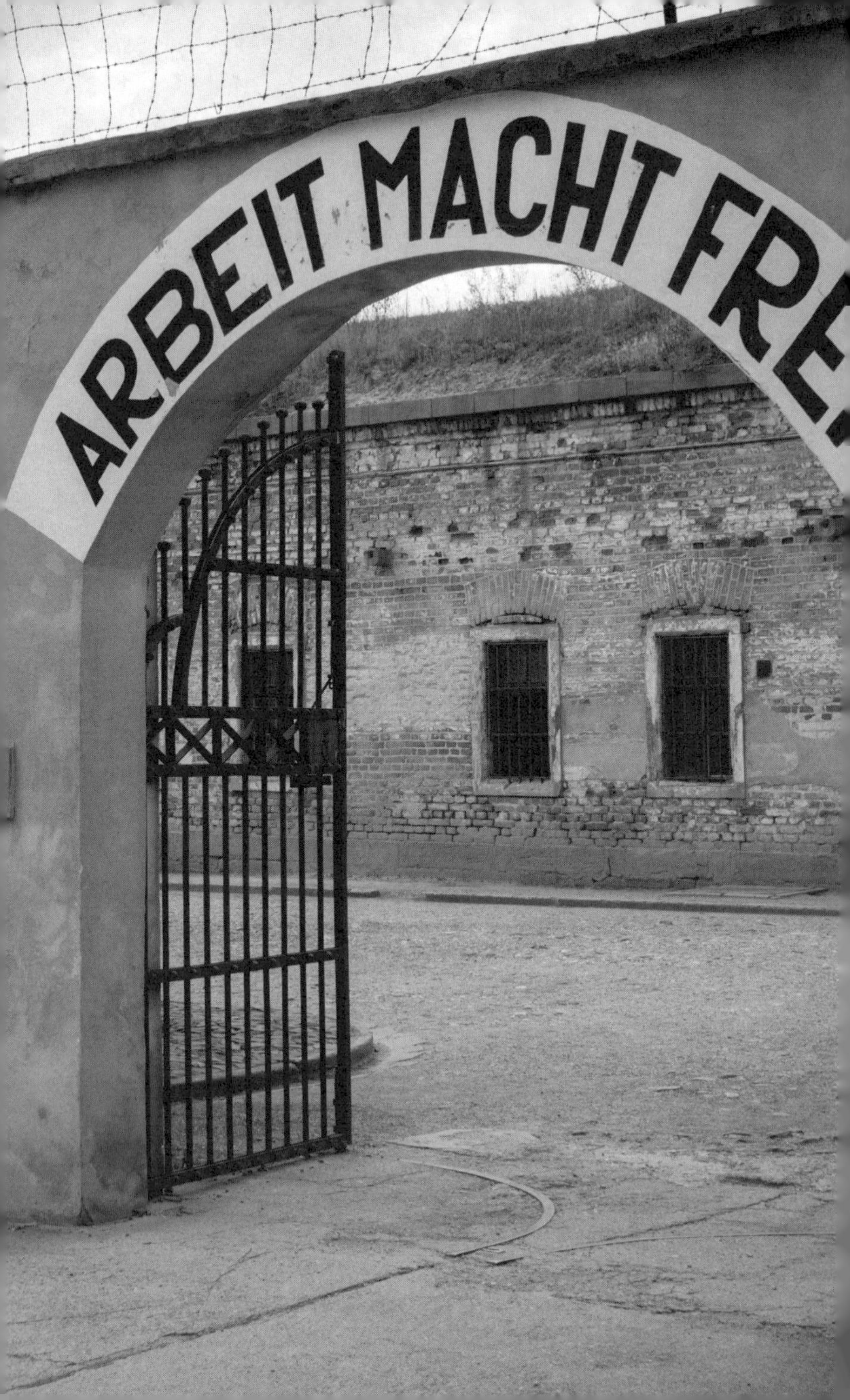
ARBEIT MACHT FRE

2017년, 엄청난 강도의 허리케인이 연이어 미국을 강타했다. 8월에 허리케인 하비는 텍사스주에 있는 휴스턴시를 황폐하게 만들었다. 9월에는 허리케인 마리아가 미국령 푸에르토리코에 훨씬 더 큰 충격을 주었는데, 많은 주민들이 몇 달 동안 전기가 끊긴 채 방치되었다. 푸에르토리코에서 태어난 사람들도 휴스턴에서 태어난 사람들과 똑같이 미국 시민이다. 그러나 도널드 트럼프의 연방정부도 미국 본토에 살고 있는 많은 백인 미국인들도, 두 허리케인 재앙에 대해 극도로 다른 반응을 보였다. 2017년 10월 『워싱턴 포스트』에 실린, 「텍사스에서 허리케인 구호를 받은 많은 트럼프 투표자들은 푸에르토리코인들의 구호는 나 몰라라 한

다」라는 제목의 기사에서, 제나 존슨 Jenna Johnson은 푸에
르토리코가 휴스턴과 같은 종류의 연방 원조를 받아야
하는지 여부에 대해 75세의 휴스턴 주민인 프레드 매
독스의 말을 인용했다.

> 자기들이 해결해야죠. 사실 우리가 할 일이 아
> 니죠. 내 생각엔 그래요. 그 사람들은 가만히 앉
> 아서 돈을 받아갑니다. 트럼프는 그들을 일깨
> 워주려고 하고 있는 겁니다. 네 일을 해라, 책임
> 을 져라, 이렇게 말이죠.

매독스 가족은 홍수보험에 가입하지 않았지만, 연방
재난관리청으로부터 1만 4000달러를 지원받았다. 이
기사는 재난에 대한 트럼프 대통령의 차등 대응에 대
한 매독스의 견해를 인용하는 것으로 끝을 맺는다.

> 그는 사업가가 공직을 맡는 것을 좋아한다. 특
> 히, 고통스러운 진실을 말하는 것을 두려워하
> 지 않는 사업가를 말이다.
> "이제 우리를 위해 싸워줄 사람이 정부에 있
> 는 거죠."라고 그는 말했다.

파시스트 이데올로기에서, 위기와 궁핍의 시기에 국가는 선택된 민족의 구성원들을 위한 지원을 마련해둔다. '그들'이 아닌 '우리'를 위한 지원이다. 이를 정당화하는 근거는 한결같다. '그들'은 게으르고 직업윤리가 결여되어 있어 국가 자금을 믿고 맡길 수 없기 때문이다. 그리고 '그들'은 범죄자이고 국가 부조금만 받아먹고 살려는 자들이기 때문이다. 파시스트 정치에서, '그들'의 게으름과 도둑질은 강제 중노동으로 고칠 수 있다. 이것이 바로 아우슈비츠와 부헨발트의 출입문에 "노동이 그대를 자유케 하리라ARBEIT MACHT FREI"라는 구호가 쓰여 있었던 이유이다.

나치 이데올로기에서 유대인들은 게으르고 부패한 범죄자들이었다. 그들은 열심히 일하는 아리안 민족의 돈을 빼앗을 방법을 획책하면서 시간을 보냈고, 국가는 그러한 일을 조장했다. 나치당의 전신인 독일노동자당(DAP['데아페'])의 1919년 '지침서'에는 "DAP는 누구와 맞서 싸우고 있는가?"라는 물음이 있다. 답은 "아무 가치도 창출하지 않고, 정신적·육체적 노동 없이 높은 수익을 올리는 모든 사람들과 맞서 싸운다. 우리는 국가의 수벌들the drones에 맞서 싸운다. 이들은 대부분 유대인들이다. 그들은 풍족한 생활을 하고, 뿌리지 않은 곳에서 거둔다."[1] DAP의 해결책은 국가를 해체하고 그것을 민족으로 대체하는 것이었다. 국가와는 대조적으로, 민족에는 '복지'와 같은 장치가 없다. 히틀러는 복지를 맹비난했는데, 개인이 경제적 독립을 성취할 수 있는 능력을 빼앗는다는 이유 때문이었다. 국가는 근면한 시민의 부를, 우성優性 민족이나 종교 공동체 밖에서 편승하고 있는 '자격 없는' 소수자들에게 재분배하는 일을 맡아서 하는 것이다.

(사실, 다소 잘 정의되지 않은 범주인) '복지' 프로그램에 대한 백인 미국인들의 지지 문제에 관해서는 많은 양의 사회과학적 연구가 있다. 복지에 대한 미국인들의 반대는 대부분 개인주의를 옹호하는, 자족의 윤리를 양성하려는 욕구와 지지의 표출로 설명된다. 그러나 복지에 대해 미국 백인들이 어떤 태도를 갖고 있는지에 관한 연구에서는 한 가지 지배적인 주제가 나타난다. 그것은 '복지'로 묘사되는 프로그램에 대한 미국 백인들의 태도를 예측하는 가장 큰 단일 변수가, 흑인들이 게으르다는 판단에 대한 그들의 태도라는 것이다. 프린스턴대학의 정치학자 마틴 길렌스가 1996년 발표한 논문 「복지에 대한 백인의 반대와 '인종 코딩'」에서 썼듯이, "백인 미국인들의 복지정책 선호에 경제

적 이기심이나 개인주의에 대한 신념, 가난한 사람들 일반에 대한 견해보다 더 큰 영향을 미치는 것은 흑인 이 게으르다는 인식이다."[2]

물론 인종차별, 가난한 사람들이 게으르다는 믿음, 그리고 특정한 형태의 개인주의에 대한 지지와 같은 변수들 사이에는 상관관계가 있다. 많은 백인 미국인 들은 누가 가난한지에 대해 틀린 믿음을 가지고 있다. 복지 프로그램으로부터 혜택을 받는 대부분의 사람들 이 백인이라는 사실을 거의 모르고 있는 것이다. 게다 가 우리가 앞 장에서 보았듯이, 자급자족에 대한 고평 가는 파시스트 이데올로기의 핵심에 있으며, 혐오를 받는 특정 소수자 집단들에 대한 적대감과 불가분으로 얽혀 있다. 흑인과 가난한 사람들이 게으르다는 믿음 과 자급자족의 가치에 대한 믿음을 각각 구별할 수는 있을 것이다. 그러나 파시스트 이데올로기의 영향을 받는 사람들에게서는 이 두 믿음이 종종 함께 간다.

파시스트 이데올로기에서 근면한 노동의 이상은 소 수민족에 맞서는 무기로 바뀐다. 프랑스 네오파시스트 정당인 국민전선은 이민자들을 사납게 공격한다. 정당 대표들은 이민자들을 '진짜' 프랑스 사람들의 근면과 성실을 먹고 살아가는 게으른 무임승차자라며 계속해서 비난을 퍼붓는다. 예를 들어, 현 당대표인 마린 르펜은 2017년 대통령 선거유세에서 "전 세계에서 온 침입자들이 […] 프랑스를 거대한 무단 점유지로 바꾸려고 한다."라고 말했다.

~~~

'근면' 대 '게으름'의 이분법은 '준법자' 대 '범죄자'의 이분법처럼 '우리'와 '그들' 사이의 파시스트적 분열의 핵심에 놓여 있다. 그러나 이러한 수사법을 사용한 분열에서 가장 무서운 것은, 전형적으로 파시스트 운동은 사회정책을 통해 '그들'에 대한 신화를 현실로 바꾸려고 시도한다는 점이다. 우리는 난민정책에서 이를 흔히 볼 수 있다. 한나 아렌트는 이렇게 쓴다.

> 파시스트 프로파간다에서 거의 주목되지 않는 특징은, 그것이 거짓말에 만족하지 않고 적극적으로 그 거짓말을 현실로 바꾸려고 꾀한다는 사실이다. 전쟁 발발 몇 년 전 나치 친위대 공식 기관지 『다스 슈바르츠 코어 *Das Schwarze Korps*』는, 모든 유대인들은 다른 나라의 경제 유기체 속

에서 기생충으로만 생존할 수 있는 집 없는 거
지라는 나치의 주장을 외국 사람들이 완전히 믿
지는 않는다는 사실을 인정했다. 그러나 그들
은 몇 년 안에 외국 여론도 이 사실을 스스로 납
득할 기회를 갖게 될 것이라고 예언했다. 독일
유대인들이 거지 떼처럼 국경 너머로 쫓겨나게
될 때면 말이다. 거짓으로 말한 현실을 나치가
실제로 그렇게 제조해내는 것에 대해서는 아무
도 준비가 되어 있지 않았다. 파시스트 프로파
간다의 본질적인 특징은 결코 거짓말이 아니었
다. 왜냐하면 그것은 언제 어디서든 프로파간
다에서는 다소 흔한 일이기 때문이다. 본질적
인 것은 그들이 현실과 진실을 혼동하는 오래된
서양의 편견을 이용했고, 그때까지는 거짓말이
라고만 말할 수 있었던 것을 '진실'로 만들었다
는 점이다.[3]

집단적으로 국경을 넘어오는 가난하고 상처 입은 난
민들은 노동시장에 진입하기 전에 국가의 원조와 지원
이 필요하다. 언어를 배우기 위한 지원이 필요하고, 적
어도 처음에는 주거지, 음식, 직업훈련을 위한 지원도

필요하다. 멸시받는 소수집단의 구성원들을 잔혹하게
대하고 국경 너머 난민으로 쫓아 보내면서, 파시스트
운동은 소수집단의 구성원들이 게으르고 국가 원조나
사소한 범죄에 기대어 살아간다는 주장을 뒷받침하는
외관상의 현실을 만들어낼 수 있다. 그러한 방법으로,
그들은 파시스트 정치를 효과적으로 만드는 조건들도
다른 나라로 수출하는 것이다.

아렌트가 말하고자 하는 요점은, 파시스트의 비현실
이 미래의 현실에 대한 약속어음이라는 것이다. 그 현
실은, 틀에 박힌 과거의 신화를 뒷받침하는 어떤 근거
를 사실로 변형시킨다. 아렌트가 설명하듯이, 파시스
트의 비현실은 파시스트 정책의 전주곡이다. 파시스트
정치와 파시스트 정책은 서로 쉽게 분리될 수 없다. 파
시스트 정치를 사용하는 사람들은 일단 권력을 잡게
되면, 한때 허황했던 발언들을 점점 더 그럴듯하게 만
들기 위해 자신의 직권을 사용하려는 강한 유혹을 받
게 되는 것이다.

이런 식으로, 인종청소나 대량학살의 전주곡으로,
정부는 이후에 주민들을 잔혹하게 대하는 일을 정당화
하는 조건들을 국가 내부에 인위적으로 만들어낼 것이
다. 1939년 나치 독일이 체코슬로바키아를 침공한 뒤

등장한, 요제프 티소Jozef Tiso가 이끄는 슬로바키아 국가가 그 좋은 예다. 예일대의 역사학자 티모시 스나이더는 2015년 저서 『블랙 어스: 홀로코스트, 역사이자 경고』에서 다음과 같이 쓰고 있다.

체코슬로바키아에서 슬로바키아 법으로 이행하는 동안, 슬로바키아인 등은 유대인을 강탈하는 데 열심이었다. 티소와 새로운 국가의 지도자들은 이를 슬로바키아인이 유대인을 대체하는 (그리고 어느 정도는 가톨릭 슬로바키아가 개신교 슬로바키아를 대체하는) 자연스러운 과정의 일부로 보았다. 따라서 유대인의 재산을 몰수하는 법은 또 다른 '유대인 문제'를 야기했는데, 이는 인위적으로 생겨난 문제였다. '이 가난해진 사람들을 모두 어떻게 해야 하는가?'[4]

뒤이어 스나이더는 슬로바키아 지도자들이 선택한 해결책을 설명한다. 그것은 그들이 보내는 5만 8천 명의 슬로바키아 유대인들을 돌려보내지 않겠다는 확답을 나치 지도자 하인리히 힘러에게 먼저 구한 뒤에, 유대인들을 아우슈비츠로 추방하는 것이었다.

2017년 로힝야족 인종청소와 대량살인 사태는 난데없이 일어난 일이 아니었다. 앞서 살펴본 것처럼, 2012년 로힝야족 남성 여럿이 불교도 여성을 성폭행하고 살해한 사건이 발생하면서 상황은 급격히 악화됐다. 이후 많은 로힝야족들이 수백 개의 마을에 격리되었고 이동을 금지당했다. 2016년 6월 유엔 인권고등판무관실의 보고서에 따르면 2012년부터 로힝야족 대다수는 다음과 같은 상황에 있었다.

다른 거주 지역으로 이동하려면 공식적인 이동 허가를 받아야 한다. 지역 내를 돌아다니는 경우에도 종종 그러하다.(예를 들어 라카인 북부주에서는 다른 마을에서 하룻밤을 묵으려면 마을 이탈 증명서가 필요하다.) 여행 허가를 얻기 위한 절차는 번거롭고 시간이 많이 걸린다. 요건을 갖추지 못하면 체포되어 기소될 수 있다. 이러한 제약들은 일상적으로 법 집행기관과 공무원들에 의한 갈취와 괴롭힘으로 이어진다. 장기간의 면직, 과밀한 수용소, 부족한 생계수단과 생활의 모든 측면에 대한 제약은 긴장을 고조시키고 내부 폭력의 위험을 부채질한다.[5]

미얀마에서 소수민족인 로힝야족은 일할 기회를 빼앗겼다. 끊임없는 괴롭힘과 감시활동은 어김없이 그들의 정신건강에 위기를 초래했다. 이 모든 것은 로힝야족에 대한 부정적인 고정관념을 강화하는 데 기여했는데, 이는 2017년의 인종청소로 정점을 찍은 잔인하고 비인간적인 대우를 정당화했다. 게다가 다른 나라에서 그들을 난민으로 받아들이는 것을 반대하는 움직임이 생겨나게 만드는 역할도 했다.

정신과 의사였던 프란츠 파농은 마르티니크에서 태어나 프랑스와 북아프리카에서 살았다.『검은 피부, 하얀 가면』은 1952년 파농이 겨우 27세였을 때 출판된 20세기 반식민주의의 고전이다. 파농은 프랑스 경찰이 알제리인들을 어떻게 대하는지를 묘사하면서, 식민주의자들의 (이 경우에는 알제리의 프랑스 경찰의) 규칙적인 관행이 어떻게 인종차별적 고정관념을 뒷받침하는 물질적 조건을 만들어낼 수 있는지를 간결하게 설명한다.

프랑스인은 아랍인들이 엉큼하고 교활하며 더럽고 의심이 많다는 고정관념을 갖고 있었다. 그러나 파농은 이러한 고정관념이 생겨난 것은, 프랑스 경찰이 통상 아랍인을 대하는 방식과, 프랑스의 식민통치가 아랍인을 빈곤하게 만들었다는 사실 때문이라고 지적한다. 누구라도 벌건 대낮에 경찰에 의해 매일같이 제지를 당한다면, '쫓기면서 뭔가를 숨기는 듯한 수상쩍은 모습'을 갖게 될 것이다. 그러한 대우를 받으면 이런 반응은 자연스럽게 나오기 마련이다. 프랑스 경찰의 관행 자체가 식민지 백성들이 고정관념에 들어맞는 방식으로 행동하도록 만든 것이다. 상황을 요약하여, 파농은 "열등한 인간을 만들어내는 것은 바로 인종차별주의자다."라고 결론짓는다.[6]

〰〰

미국은 고정관념을 심고 그것을 현실로 보이게 만드는 정책들에 대한 그 나름의 역사를 가지고 있다. 치안과 수감의 구조와 그것에 대한 백인의 반응은, 미국에서 인종화된 대량 수감이 어떻게 집단에 대한 부정적인 고정관념을 구축하고 외견상으로 정당화하는지를 설명하는 핵심 요소다. 미국 흑인 남성의 경우 일생에 적어도 한 번은 수감될 확률이 3분의 1이다. 미국 백인 남성의 경우는 17분의 1이다. 그러나 이 통계의 비극은 수감된 사람의 출소로 끝나지 않는다. 수감을 겪었던 사람들은 너무나도 어려운 직업적 전망에 직면한다. 수감 이력은 고용주의 눈에 주홍글씨와 같은 기능을 한다. 2003년 하버드대학의 사회학자 디바 페이저는 수감 전력이 구직에 미치는 부정적인 영향을 입증하는 연구에서, 수감이 대졸자나 복지수급자와 마찬가지로 개인의 꼬리표가 된다고 썼다.

> 범죄 기록과 관련된 '부정적 자격 증명'은 차별이나 사회적 배제를 당할 자격을 부여하는 식으로 특정 개인을 인증한다는 점에서 독특한 계층화 메커니즘을 나타낸다.[7]

그 획기적인 연구에서, 페이저는 복역 전력이 고용 기회에 미치는 커다란 영향을 발견했다. 그녀는 실험을 위해 비슷한 외모와 이력서를 가진, 두 명의 흑인으로 이루어진 한 팀과 두 명의 백인으로 이루어진 또 한 팀을 구성했다. 각 팀에서 한 명은 코카인 밀매로 18개월 복역했다고 말하라는 지시를 받았고, 다른 한 명은 전과가 없다고 말하라는 지시를 받았다. 전과가 있는 사람의 역할은 매주 다른 참가자들이 했다. 이 팀들은 함께 위스콘신주 밀워키에서 말단직 일자리에 지원했다.

백인들의 경우, 범죄 경력이 있으면 하급직 취업 면접에 참가하라는 회신 전화를 받을 가능성이 50퍼센트 감소했다. 전과 기록이 없는 백인 참가자는 회신 비율이 34퍼센트였는데, 전과 기록을 보고한 백인 참가자들은 회신 비율이 17퍼센트였던 것이다. 매우 유사한 이력서를 가진 흑인 참가자의 경우에는 전과가 없을 때 회신 비율이 14퍼센트였는데, 이는 전과가 없는 흑인들은 전과가 있는 백인들보다도 하급직 일자리를 구하기가 더 어렵다는 것을 이미 시사한다. 전과가 있는 흑인 지원자 중에서는 단 5퍼센트만이 면접에 참가하라는 회신을 받았다. 페이저의 연구에 따르면, 인종과 전과 기록 모두 취업 기회에 급격한 영향을 미친다. 인종과 전과 기록이 더해지면 고용 전망이 급격히 나빠진다. 그렇다면 흑인 인구들 사이에서 수감률이 증가한다면 실업률도 증가하리라는 것은 당연히 예측할 수 있는 일이다.

미국 흑인을 게으르고 폭력적이라고 생각하는 미국 백인들의 고정관념은 미합중국의 시작에서부터 비롯되었다. 미국 흑인 인구의 노예화를 정당화하기 위해 그러한 속성들을 한결같이 사용했던 것이다. 노예제가 폐지되고 나자, 이러한 고정관념은 농장이나 사기업에서 죄수들을 잔인하게 착취하는 일을 정당화하는 데 사용되었다. 옛 남부지역 흑인 인구의 대부분이 사소한 범죄로 체포되었고 금속, 철강, 석탄 회사에 임대되어 강제노동을 하도록 강요되었으며, 그 결과 목숨을 잃는 일도 흔했다.[8] 미국 흑인들의 인종차별적 대량 수감의 기저에 있는 메커니즘은, 흑인들이 게으르다는 고정관념을 정당화의 근거로 삼는 오랜 전통의 소산이었다. 즉, 흑인들이 일자리를 얻지 못하는 까닭은 일하기를 싫어하기 때문이라는 것이다.

1960년대에 케네디와 존슨 행정부는 징벌적 방범 조치에 직업훈련과 빈곤 퇴치 프로그램을 결합함으로써 민권운동에 응답하였다. 리처드 닉슨이 1968년 대통령 선거에 출마했을 때, 그는 사회정의 문제에서 눈을 돌리고 중심 주제를 법질서로 바꾸기 위해 도시 불안을 이용했다. 당시는 도시 불안이 두드러지긴 했지만 수감률은 줄어들던 시기였다. 역사학자 엘리자베스 힌튼은 다음과 같이 말한다.

1969년 리처드 닉슨이 취임했을 때, 그는 수감자 수가 점차 줄어들고 있던 형벌체계를 물려받았다. 1960년대 연방 교도소와 주 교도소의 수감자 수는 미국 역사상 가장 크게 감소했으며, 1969년에는 1950년보다 1만 6500명이나 적은 재소자 수를 기록했다. 이러한 감소세에도 불구하고 닉슨 행정부의 후원으로 연방정부는 전례 없는 속도로 감옥을 짓기 시작했다.[9]

국가의 관심을 법질서로 돌리면서, 닉슨 행정부는 존슨의 빈곤 퇴치 프로그램과 일자리 계획을 중단시키고 대신 징벌적 범죄조치에 초점을 맞추는 데 성공했는데, 이는 특히 아프리카계 미국인들이 거주하는 도심에 집중되었다. 힌튼과 다른 전문가들이 제시하는 강력한 근거들에 따르면, 닉슨과 행정부의 구성원들은 자신들의 정책이 흑인 수감자 수를 극적으로 증가시킬 것이라는 점을 잘 알고 있었던 것으로 보인다.

현재 미국 내 대량 수감이 위기에 처한 원인에 대해서는 연구자들 사이에 여러 이견들과 미결 문제들이 존재한다. 그러나 흑인 사회에 대한 가혹한 징벌적 범죄정책들이 사회복지 프로그램 및 직업훈련에 대한 과감한 삭감조치와 결합되어 비극적인 결과가 초래되었고, 고정관념과 정책들이 반복적으로 자기강화되는 패턴이 만들어졌다는 점에 대해서는 이견이 없다. 수감과 비고용 사이의 분명한 연관성에 더하여, 사회안전망 및 일자리 프로그램의 심각한 삭감과 징벌적 범죄 정책의 결합은 미국 흑인 사회의 고질적인 높은 실업률로 이어졌다. 파시스트 전술을 사용하는 정치인들은 진짜 원인을 지목하기보다는 흑인 사회를 탓하며, 그들의 게으름이 수 세대에 걸친 가난의 근본 원인이라고 말한다. 그리하여 사회안전망을 더욱 대폭 줄여 이들이 '힘든 일'을 하도록 강제함으로써, 이러한 '게으름'을 '치료'할 수 있다고 주장한다. 그러나 백인들이 흑인을, 특히 수감 전력이 있는 흑인들을 고용하지 않는다는 점을 고려한다면, 이런 방식은 그러한 실업 패턴을 더욱 고착시킬 뿐이다. 그리하여 파시스트 정치에 유용한 잘못된 고정관념이 영구적으로 자리 잡게 되는 것이다.

1970년대에는 정책들의 이러한 조합이 어떤 결과를 가져올지가 명확하지 않았다. 폭력과 실업 등 반복되는 사회문제를 다루려면, 가혹한 징벌적 반反범죄조치가 그래도 없는 것보다는 낫다는 생각도 할 수 있었다. 그러나 지금 우리는 공동체를 지원하는 사회복지의 감소와 소수집단을 겨냥한 공격적인 반범죄조치가 짝을 이루면, 처참한 결과가 초래되리라는 점을 알고 있다.

언론은 1970년대, 1980년대, 1990년대의 '범죄에 강경하게' 캠페인에서 비롯된 정책들이 가져온 재앙에 대해 수년 동안 관심을 가져왔다. 그 결과 징벌적 범죄 정책에서 사회 프로그램으로 전환하는 방향에 대한 초당적 지지가 생겨났다. 그러나 '범죄에 강경하게'라는 수사법과 정책들의 근저에 '우리 대 그들'의 이분법을 확립하고 기존의 위계적 고정관념을 재강화하려는 파시스트적 동기가 있다는 인식은, 그러한 변화에 동반되지 않았다.

그러므로 미국 시민들은 이 글을 쓰는 시점에 도널드 트럼프 현 미국 대통령, 제프 세션스 법무장관, 폴 라이언 하원의장 등 미국 내 집권 공화당원들이 이미 다 닳은 미국 사회복지 시스템을 제거하고 동시에 형사 사법제도를 훨씬 더 처벌 위주로 만들려고 계획하고 있다는 점을 우려해야 한다. 그러한 정책의 결과에 언론이 여러 해 동안 관심을 기울여온 지금, 이제는 아무도 그렇게 조합된 정책들이 백인 사회의 인종적 태도와 미국 흑인들에게 미치는 영향에 대해 모른다고 주장할 수가 없다. 그러한 실패한 정책들을 다시 시행하려면 엄연한 사실을 작정하고 몰라야 하는데, 이런 태도를 코네티컷대학의 철학자 루이스 고든은 "자기기만bad faith"이라고 부른다.°**10** 우리가 앞서 보았다시피 그러한 '자기기만'은 파시스트 정권의 특징이다. 우리는 범죄정책과 사회복지 프로그램에 대한 미국 정치인들의 태도의 경우에 이러한 고의적인 무지가 해를 가져온다는 것을 알 수 있다. 거기에는 무언의 목적이 있다. 정치가들이 선거에서 표를 얻기 위해 파시스트 전술을 계속 이용할 수 있도록, 인종주의적 고정관념이 번성할 수 있는 조건들을 만들어내는 것이다.

~~~

위에서 이야기한 우리/그들의 분열을 가로막는 하나의 장애물은 계급 내의 단결과 공감이다. 이를테면 노동조합의 경우에서가 그렇다. 잘 단합된 노조의 백인 노동자계급 시민들은 흑인들을 혐오하기보다는 흑인 노동자계급 시민들과 자신을 동일시한다. 그런데 파시스트 정치인들은 분열적인 정책에 저항하는 이러

° 루이스 고든이 사용하는 'bad faith'는 사르트르의 'mauvais fois[모베 푸아]'의 번역어이다. 사르트르의 'mauvais fois'는 관행적으로 '자기기만'으로 번역되는데, 이는 단순히 심리나 인식적 상태를 의미하기보다는, 자유와 책임을 회피하는 인간의 존재 양식을 뜻한다. 고든은 이 개념을 통해 흑인을 인간이하의 열등한 존재로 여기는 인종주의는 인간적인 세계에 대한 책임 회피임을 표현하고자 한다.

한 연대의 효과를 이해하고 있기에 노동조합을 해체시키려고 한다. '엘리트들'을 비난하면서도, 파시스트 정치는 계급투쟁의 중요성을 최소화하려고 한다.

노동조합은 다양한 차원에서 서로 다른 사람들을 묶는 주요한 장치다. 노동조합은 협력과 공동체의식, 그리고 임금 평등의 원천일 뿐만 아니라, 세계시장의 급변으로부터 보호를 제공하는 장치이다. 그러나 파시스트 정치에 따르면, 노동조합은 반드시 파괴되어야만 한다. 그래서 개별 노동자들이 세계 자본주의의 바다를 혼자 헤쳐가도록 남겨져서, 결국 당이나 지도자에게 의존하게 될 준비가 갖춰져야 한다. 노동조합에 대한 반감은 파시즘 정치의 주요 주제이기 때문에, 그것에 대한 이해 없이는 파시즘을 완전히 이해할 수 없을 정도이다.

히틀러는 『나의 투쟁』 1부에서 노동조합에 대해서 반복적으로 공격한다. 예를 들어, 그는 "[유대인은] 점차 노동조합 운동의 지도자가 되고 있으며, 그것도 한결 더 쉬워지고 있다. 왜냐하면 유대인에게 중요한 것은 사회악의 진정한 제거가 아니라 국가의 경제적 독립을 파괴하기 위한 목적으로 맹목적으로 복종하는 투쟁세력을 형성하는 것이기 때문이다."라고 쓴다. 『나의 투쟁』의 ('유대인 문제'를 연상케 하는)「노동조합 문제」
라는 제목의 장에서는, "마르크스주의는 [노동조합 체
계를] 계급전쟁을 위한 도구로 만들었다. 마르크스주
의는 자유롭고 독립적인 민족국가의 경제적 기반을 무
너뜨리고 그 국가 산업과 무역을 파괴하기 위해 국제
유대인이 사용할 경제 무기를 만들어냈다."라고 쓴다.
히틀러는 "사업과 전 국민의 생활에서 효율성을 저해
한다."라고 주장하면서 노동조합을 매도한다.[11] 이어
서 그는 계급적 이익보다는 국가에 봉사할 수 있도록
노동조합의 용도가 바뀌어야 한다고 요구한다.

경제적 독립성과 사업의 효율성에 대한 우려는, 노
동조합에 대한 히틀러의 진짜 반감을 숨기는 가면일
뿐이었다. 한나 아렌트의 『전체주의의 기원』 10장의
제목은 「계급 없는 사회」이다. 그 장에서, 아렌트는 파
시즘이 한 사회의 개인들이 '원자화'되기를 요구한다
고 말한다. 즉 차이를 넘어 서로 연결될 수 있는 길을 잃
게 되기를 원한다는 것이다. 노동조합은 인종이나 종
교보다는 계급에 따라 상호 유대를 형성한다. 그것이
노동조합이 파시스트 이데올로기의 표적이 되는 근본
적인 이유이다.

그러나 파시스트 이데올로기가 노동조합을 표적으

로 삼는 데는 더 많은 이유가 있다. 파시스트 정치는 극심한 경제적 불평등의 조건에서 가장 효과적이다. 노동조합의 확산이 경제적 불평등의 조건 형성에 대한 최고의 해독제라는 연구 결과가 있다. 하버드대학 정치학자 아천 펑이 지적한 대로, "불평등 수준이 낮은 많은 사회들은 노동조합에 대한 참여도가 높다."라는 것이다.[12] 펑은 2013년 OECD 국가(북미 및 유럽의 안정적 민주주의 국가 대부분)의 불평등과 노동조합 가입률에 대한 연구에서 나온 특별한 통계에 주목한다. 펑은 "노조 가입률이 높은 나라(덴마크, 핀란드, 스웨덴, 아이슬란드)는 소득 불평등이 낮고, 불평등 정도가 높은 나라(미국, 칠레, 멕시코, 터키)는 노조 가입률이 낮다."라고 지적한다. 불평등이 높고 노조 가입률이 높은 나라들의 수는 영(0)이었다. 노동조합은 경제 영역의 불평등한 발전에 대항하는 강력한 무기이다. 파시즘은 공포와 원한을 동원해 시민들을 서로 대립시킬 수 있는 경제적 불확실성의 상황에서 번성하기 때문에, 노동조합은 파시즘 정치가 발판을 얻는 것을 막는 장치가 된다.

미국에서 인종 분리는 역사적으로 기업주, 공장주 그리고 투자자들에게 위협이 되어온 노동운동의 결집력에 대항하는 수단이었다. W. E. B. 듀보이스의 『흑인

의 재건』14장의 제목은「재산의 반혁명」이다. 이 책에
서 듀보이스는 재건기에 등장한 노동운동이 "지적이
며 사심 없는 리더십과 명확한 이상을 갖고서, 남부 사
회의 경제적 토대를 재건하고, 부를 몰수하고 재분배
하여, 대중을 위한 진정한 산업민주주의를 건설할 수
있었을 정도로 남부 노동자들에게 힘을 실어주었다."
라고 묘사한다.[13] 듀보이스는 새롭게 부상한 남부 노동
운동이 어떻게 인종적 적개심에 의해 분열되었는지를
기록한다. 가난한 백인들은 사회적 위계에서 자신들
이 지위를 잃고, 새로이 해방된 흑인 시민들보다 아래
로 떨어질까 봐 두려워했던 것이다. 듀보이스는 북부
기업가들이 남부의 오래된 백인 권력구조와 손잡고 그
적개심을 이용해, 인종을 아우르는 노동운동의 외형을
분쇄했다고 말한다. 그리하여 경제적 평등을 위한 강
력한 원동력이 될 수 있었던 것이 끝이 났다. 가난한 백
인 노동자들이 가난한 흑인 노동자들과 계급적으로 동
일시하지 못할 때, 그들은 인종 분열과 증오의 함정에
쉽게 빠지게 된다.

오늘날, 미국 28개 주에서 소위 '노동권' 법안이 통
과되었고, 이 글을 쓰고 있는 시점에 적어도 공공노조
에 대해서는 대법원이 승인할 조짐을 보이고 있다. 이

법은 노동조합이 회비 납부를 원하지 않는 직원에게 회비를 청구하는 것을 금지하고 있을 뿐만 아니라, 회비를 납부하지 않기로 한 직원들의 권리도 조합이 동등하게 대표하고 변호하도록 요구하고 있다. 이러한 법률 제정의 의도는 노동조합의 자금원을 막음으로써 노조를 파괴하는 것이다. '노동권'은 노동자들의 집단적 교섭 능력을 공격하여 노동자들의 목소리를 빼앗는 법률의 오웰식 명칭이다.° 미국 노동자들의 중서부 보루인 위스콘신과 미시간에서 노동권 법이 통과된 후, 주의 정치는 급격히 우경화되었다. 인종적으로 분열된 2016년 미국 대통령 선거운동 기간 동안은 특히 더 그러했다. 노동권 법이 오늘날의 인종적 분열에서 어떤 역할을 하는지 이해하기 위해서는 그 법의 역사를 조사할 가치가 있다.

노동권 법은 1940년대 텍사스주에서 밴스 뮤즈Vance Muse라는 로비스트의 제안으로 처음 생겨났다. 이는 노동조합이 '인종에 기반한 지역의 정치경제'에 도전하고 있다는 사실에 대한 대응이었다. 산별노조회의(CIO)는 1930년대 중반에 미국노동연맹(AFL)으로부

° 조지 오웰의 『1984』에서 착안한 말로, 권력자가 선전 목적을 위해 언어를 모순되게 사용하면서 사실을 호도해 대중을 기만하는 말장난을 가리킨다.

터 분리되었는데, 이는 CIO가 더 큰 포괄성을, 특히 비숙련 노동의 포함을 주장했기 때문이었다. CIO는 그것이 갈라져 나온 조직보다 애초부터 더 진보적이었는데, 결국에는 다시 합류하여 오늘날의 AFL-CIO를 구성하게 되었다. 다트머스대학의 사회학자 마크 딕슨이 지적한 바에 따르면, CIO 조합은 "AFL 조합보다 인종 문제에서 더 진보적인 경향을 보였으며, […] 1940년대 초중반에 남부 주에서 투표세를 없애기 위한 캠페인을 시작했다."[14] 밴스 뮤즈는 석유 회사들의 로비 단체였던 크리스천 아메리칸 협회의 회장이었다. 이 협회는 인종차별주의, 반유대주의, 반가톨릭주의였으며 반노조 의제를 추진했다. 이를 위해 협회는 공산주의자들이 백인 지배를 전복하기 위해 인종적 평등을 추구하고 있다며 공포를 조장하는 익숙한 파시스트 전술을 사용했다.

밴스 뮤즈는 노동권 법으로 노동조합을 공격하는 것에 인종주의적 동기가 있음을 대놓고 드러냈다. "이제부터 백인 여성과 백인 남성들은 검은 아프리카 유인원들이 있는 조직에 강제로 가입해야 하고, 그들을 '형제'라고 부르든가 아니면 일자리를 잃게 될 것이다." 1945년, 뮤즈는 이렇게 말했다. "나를 유대인 반대자,

검둥이 반대자라고 부르더라고. 아냐, 우린 검둥이를 좋아한다구. 제자리에 있는 검둥이를 말야. […] 우리의 [노동권] 개정은 검둥이를 돕는 거야. 차별하는 게 아니라고. 착한 검둥이 말이야, 저 공산주의 검둥이들 말고. 유대인? 뭐야, 내 가장 친한 친구 중에는 유대인이 있다구. 착한 유대인." 뮤즈는 자신을 "남부인이자 백인 우월주의자"라고 공언했고, 크리스천 아메리칸 협회는 "뉴딜정책을 '유대 마르크스주의'가 기독교 자유 기업에 가한 더 광범위한 공격의 일부라고 여겼다."[15]

노동권 법이 처음 제시되었을 때의 그 언어는, 『나의 투쟁』에서 히틀러가 노동조합을 공격한 것을 정확히 반영하고 있었다. 하지만 백인 우위의 인종적 위계를 유지하고 인종과 종교를 가로지르는 연대를 막으려는 열망에 명시적으로 근거한 그 반노조 강령은 오늘날 미국에서 큰 승리를 거두었다. 이러한 반노조정책들은, 백인 민족주의 캠페인을 벌이는 한 대통령 후보가 1930년대를 향한 향수를 자극해 한때 자랑스러웠던 중서부 노동계급 주들에서 승리를 휩쓸어갈 수 있는 길을 열어주었다.

노동조합을 탄압하고 특정 집단이 게으르다고 비난하는 일은 분열을 만들어낸다. 이는 파시스트 정치의 성공에 결정적으로 중요하다. 하지만 왜 파시스트 정치에서는 게으르다는 것이 사회적 가치 위계의 낮은 단계에서 핵심적 위치를 차지하고 있는가? 그리고 왜 파시스트 정치인들은 계급 단결을 이용하지 않고 분쇄하려 하는가? 답은 파시스트 정치의 근간인 사회적 다원주의에 있다.

파시스트 운동은 삶이 권력을 위한 경쟁이라는 생각을 사회적 다원주의와 공유한다. 그래서, 사회의 자원 배분을 순수한 자유시장 경쟁에 맡겨야 한다고 생각한다. 파시스트 운동들은 근면, 사기업, 자족이라는 이상을 공유한다. 사회적 다원주의자에게 가치 있는 삶을 산다는 것은 투쟁과 공적을 통해 남보다 우위에 서서 치열한 자원 경쟁에서 살아남는 것이다. 경쟁에서 실패한 사람들은 사회의 재화와 자원을 받을 자격이 없다. 생산성을 기준으로 가치를 측정하는 이데올로기에서, 외집단을 게으르다고 표현하는 프로파간다는 가치의 위계에서 그들을 더 낮게 두는 것을 정당화하는 방법이다.

파시스트 이데올로기의 이러한 측면은 장애인에 대한 국가사회주의자의 태도를 설명한다. 이들은 장애인에 대해 '레벤스운베르테스 레벤lebensunwertes Leben', 살 가치가 없는 삶이라고 말한다. 국가사회주의 이데올로기에서 가치는 노동을 통한 사회공헌에서 생기는 것이기 때문에, 장애가 있는 시민은 가치가 없다고 여겨졌던 것이다. 나치 이데올로기에서는, 생존을 위해 국가에 의존하는 사람은 그 어떤 종류의 가치도 없는 존재였다. 파시스트 정부는 장애인에 대해 인류 최악의 잔인성을 보여주었다. 1933년 나치 독일의 '유전질환 자손방지법'은 장애인의 불임을 의무화했다. 그 후, 장애가 있는 독일 시민들을 가스실로 보내는 비밀 T4 프로그램이 만들어졌고, 마침내 1939년 의사들은 장애인들을 죽이라는 명령을 받았다.

우리는 파시즘이 획일적인 대중으로부터 힘을 끌어온다고 알고 있다. 그래서 흔히 반개인주의적인 것으로 생각한다. 그러나 히틀러는 개인의 가치와 능력주의라는 이상을 거듭 찬양했다. 개인의 가치에 대한 사회적 다윈주의의 개념은 파시스트적 위계에 구조를 부여하고 게으름에 대한 비난에 정당성을 부여한다. 파시즘에서 집단은, 노동과 전쟁에서 성과를 내어 다른 집단보다 우위에 서는 능력에 의해 등급이 매겨진다. 히틀러가 자유민주주의를 매도하는 까닭도, 자유민주주의가 정반대의 가치 체계를 구현하고 있기 때문이다. 그것은 자연스러운 능력주의적 투쟁에서 거둔 승리와 무관하게 가치를 부여하는 체계이다. 히틀러는 **개인성과 양립할 수 없다**는 이유로 민주주의를 맹비난한다. 민주주의는 개개인이 경쟁적 투쟁을 통해 다른 개인들보다 우위에 서는 것을 허용하지 않기 때문이다. 개인의 자유에 대한 파시즘적 시각은 개인의 권리에 대한 자유지상주의적 개념과 유사하다. 즉, 경쟁할 권리는 있지만 꼭 성공한다거나 살아남는다는 것은 아니라는 말이다.

경제적 자유지상주의 이론은 자유를 매우 특정한 방식으로 이해한다. 자유는 제약 없는 자유시장에 의해 정의된다. 그것은 '평평한 운동장'에 접근할 수 있는 권리로 이루어져 있는데, 이는 어떤 식으로든 규제에 의해 제약받지 않는 시장의 형태를 띤다. 누군가가 더 약해서 싸움에서 진다고 해도, 그의 손실은 자신의 책임이다. 경제적 자유지상주의는 자유와 미덕을 부와 연결시킨다. 이 원칙들에 따르면, 사람은 투쟁에서 부를 축적함으로써 자신의 자유를 '번다.' 이런 식으로 자유를 '벌지' 않은 사람들은 자유를 누릴 자격이 없다. 파시즘은 가치의 **집단 위계**에 대한 헌신을 주장하는 데 반해, 진정한 경제적 자유지상주의는 개인을 넘어 일반화되지 않기에, 그 둘이 곧바로 양립할 수는 없다. 그래도 두 철학은 가치를 측정하는 공통의 원칙을 공유한다. 결국 경제적 자유지상주의는 사회적 다윈주의의 우아한 가면에 지나지 않는다.

2012년 미국 대통령 선거에서 폴 라이언 부통령 후보는 미국 사회가 '내는 자'와 '받는 자'로 나뉘고 있다고 거듭해서 말했다. 라이언은 사회에서 '내는 자'의 수를 늘리고 '받는 자'의 수를 줄이는 정책을 추진하는 것이 시급하다고 주장했다. 당시 라이언은 "세금으로 내는 것보다 연방정부로부터 달러 가치로 더 많은 혜택을 받아가는" 사람들을 "받는 자"라고 부르며, 미국이 '받는 자'가 다수이고 '내는 자'가 소수인 사회가 되고 있다는 우려를 거듭 제기했다. 이 이데올로기에 따르면, 사회에서 '내는 자'는 부를 가진 덕분에 '받는 자'보다 더 큰 가치를 갖는다. 최근에는 '내는 자' 대 '받는 자'라는 용어를 포기했지만, 라이언은 더 적은 부를 소유한 사람들을 희생시키면서 더 많은 부를 소유한 사람들을 명백히 편드는 똑같은 정책을 유지해왔다. '내는 자'와 '받는 자'에게 이를테면 다른 피부색을 부여하는 경향이 있는 미국인들은, 그렇게 함으로써 자유주의를 넘어 파시즘으로 나아가고 있는 것이다.

자유지상주의는 자유시장에서 경쟁할 수 있는 개인의 자유를 주장하지만, 회사의 위계적인 구조 또한 지지한다. 파시스트 정치도 이러한 이유로 자유지상주의 철학을 환영한다. 국가사회주의는 직장이 일반적으로 위계적으로 조직되고 전권을 가진 CEO나 공장장의 지도를 받는 것을 승인했다. (군대와 마찬가지로) 사기업의 영역에서도, 정치에서 프로파간다로 이용할 수 있는 익숙한 권위주의적 구조를 승인했다. 국가사회주의자들의 연설에서 우리는 정부의 간섭을 자유의 상실과 연결시키고 CEO의 리더십에서 미덕을 찾는 미국 우익정치의 분명한 메아리를 들을 수 있다.[16]

히틀러는 사기업에서 자신의 이데올로기와 일치하는 원리들을 발견했다. '위대한 사람'은 그 우수함에 대한 보상으로 지도자의 지위를 갖는다는 능력주의 원칙은 히틀러에게 호소력을 발휘했다. 강자가 약자를 다스리는 것은 당연한 이치였다. 히틀러에게 능력주의는 국가사회주의의 가장 중요한 지도원리를 뒷받침하는 것이었다. 민간 사업장은 위계적으로 배치되어 CEO가 (비록 CEO가 이사회에 책임을 진다는 사실은 파시스트 정치에서 늘 무시되는 세부사항이지만) 지시와 명령을 내리는 구조로 되어 있는 것이다.

히틀러는 이렇게 말했다. "두 가지 원리가 극명하게 대립합니다. 하나는 민주주의의 원리로서, 이는 그 실제 결과가 분명히 드러난 곳에서는 파괴의 원리입니다. 다른 하나는 개인의 권위의 원리로서, 나는 이를 성취의 원리라고 부르고 싶습니다."[17] 그는 민주적인 정치 영역과 권위주의적인 경제 영역이 불안정한 혼합을 만든다고 경고했다. 왜냐하면 국가는 민주적인 규제를 부과함으로써 회사의 사업에 간섭하려는 경향이 있기 때문이다. 히틀러는 기업이 이미 '지도자 원리', '총통 원리'에 따라 운영되고 있으니 기업인들이 나치 운동을 지지해야 한다고 강조했다. 사기업에서는 CEO가 지시를 내리면 직원들은 따라야만 한다. 거기에는 민주적 관리의 여지가 없다. 딱 그렇게 정치 영역에서도 지도자는 회사의 CEO와 같은 기능을 해야 한다고 히틀러는 촉구한다.

히틀러는 복지나 노동조합이 제공하는 보호를 좋게 평가하지 않았던 것처럼, 소비자나 노동자를 보호할 규제에 대해서도 좋게 평가하지 않았다. 우리가 후한 보편적 복지제도를 시행하고자 하는 바탕에는 시민 한 사람 한 사람의 기본 가치에 대한 믿음이 깔려 있다. 자유민주주의자는 누가 더 사회에 가치가 있는지 가리기 위해 경쟁 속에 사람들을 집어넣고 '내는 자'와 '받는 자' 싸움을 시키지 않는다. 후한 사회복지 시스템은 선동가들이 이용하기 좋게 파벌을 나누기보다는 공동체를 상호 배려의 유대감으로 통합한다. 노동조합은 더 나은 교섭을 위한 협력이라는 공동의 목표를 향해, 서로 다른 인종과 종교적 배경, 그리고 성 정체성과 성적 지향을 가로질러 노동자들을 하나로 뭉치게 한다.

물론 인간의 모든 제도에는 어느 정도 결함이 있으며, 사회복지 시스템과 노동조합도 예외는 아니다. 그러나 어떤 제도의 결점을 비판할 때에는 그것이 없을 때 무엇을 잃게 될지 묻는 것이 중요하다. 모두를 위한 더 나은 조건을 위해 결집하는 것은 외모, 인종, 종교, 장애 여부, 성적 지향, 성별의 차이에도 불구하고 우리가 공통의 인간성을 인식할 수 있도록 함께 모이게 한다. 애석하게도, 흑인이든 백인이든, 젠더에 불응하든 순응하든, 여자든 남자든, 기독교인, 무슬림, 유대교인, 힌두교인 또는 무신론자든, 모두 주말 휴가와 먹을 음식이 필요하고, 또한 연로한 부모님을 돌볼 시간과 지원이 필요하다는 것을 인간은 계속해서 상기해야 한다. 우리에게 민주주의적 삶의 방식을 제공하는 제도와 정책들에 비록 결함이 있다고 하더라도, 그것들이 없다면 자유민주주의 사회는 무너질 위험이 있는 것이다.

한 사회 내에 위계의 원리에 따라 작동하는 사기업에 기반한 경제가 민주적 정치체제와 함께 있으면 그 사회에는 진정한 긴장이 존재한다고 한 히틀러의 말은 틀린 것이 아니었다. 우리들 중 많은 이들이 그러한 사회에 살고 있으며, 따라서 민주주의적 규범과 경제적 규범 사이의 갈등에서 생겨난 긴장 속에서 살고 있다. 그러한 투쟁으로부터 노동운동은 주말, 하루 8시간 노동 그리고 많은 다른 승리들을 얻었는데, 어느 것 하나도 사소하지 않지만, 궁극적으로 민주주의적인 변혁을 가져오지는 않았다. 히틀러가 민주주의 사회에서는 가족, 직장, 정부기관, 시민사회의 다양한 관행과 구조들 사이에 긴장이 존재한다고 본 것은 옳았다. 파시즘은 이러한 차이들을 제거함으로써 이 문제를 해결할 것을 약속한다. 대신, 파시스트 이데올로기에서는 가족에서부터 기업, 국가에 이르기까지 모든 제도가 '영도자 원리'에 따라 운영될 것이다. 파시스트 이데올로기에서 아버지는 가족의 영도자이다. CEO는 기업의 영도자이다. 권위주의적 영도자는 국가의 아버지 또는 CEO이다. 민주주의 사회에서 유권자들이 CEO가 대통령이 되기를 갈망할 때, 그들은 자기 안에 숨은 파시스트적 충동에 반응하고 있는 것이다.

파시스트 정치의 끌어당기는 힘은 막강하다. 그것은 인간의 존재를 단순화시키고, 우리에게 하나의 대상을, 하나의 '그들'을 주고서는, 그들을 게으른 자로 비난함으로써 우리 자신의 탁월함과 규율을 돋보이게 한다. 우리가 세상을 이해할 수 있도록 도우면서 '자격 없는' 인간들에 대해 시원하게 일갈을 날리는 강력한 영도자와 우리 자신을 동일시하도록 부추긴다. 민주주의가 성공적인 사업처럼 보인다면, 그 CEO가 강경한 발언을 쏟아내며 민주적인 제도들을 개의치 않을뿐더러 심지어 폄하한다면, 더욱더 좋다. 파시스트 정치는 인간의 약점을 먹이로 삼는다. 그 약점이란 내가 내려다보는 사람들이 나보다 더 고통받고 있다는 것을 내가 안다면, 내가 겪는 고통도 견딜 만한 것으로 보인다는 것이다.

민주적 통치의 영역, 비민주적인 위계적 경제 영역,

그리고 좋은 삶에 대한 다양한 시각을 고수하는 지역 단체와 조직과 협회들로 가득 찬 다채롭고 복잡한 시민사회 영역이 있는 국가에서 살아가는 일은 여러 가지 긴장을 만들어내는데, 이러한 긴장을 헤쳐 나가는 일은 짜증스러운 것일 수 있다. 민주주의적 시민성을 갖추기 위해서는 어느 정도의 공감, 통찰력, 친절함이 필요하며 이는 우리 모두에게 많은 부담이 되는 일이다. 물론, 더 쉽게 살아갈 수 있는 길도 있다.

예를 들어, 우리는 공적인 영역에서 그저 소비자로만 있을 수도 있다. 노동은 소비시장에 들어가기 위해 필요한 돈을 버는 수단일 뿐이다. 제품을 자유롭게 선택하여 소비를 통해 자신의 정체성을 형성하면 되는 것이다.

아니면 우리는 세상으로 나아가 '우리'에 대한 이해를 넓힐 수도 있다. 세계를 여행하고 다른 문화를 접하고 그 경이로움에 감탄할 수 있다. 난민 캠프에서 사는 사람들도 아이오와의 소도시 주민들도 모두 이웃으로 생각하면서도, 동시에 우리의 지역 전통과 의무들과의 연결을 유지하면서 살아갈 수 있다.

그러나 시대와 문화를 누비는 자아라는 이 매력적인 비전도 극심한 경제적 불평등의 조건하에서는 몹시 문제가 있다. 그것은 다양한 종류의 차이들에 대한 깊은 경험을 필요로 한다. 아마도 이를 위해서는 너그럽고 지혜로우며 비종교적 과학과 시적인 진리에 헌신하는 교육이 필요할 것이다. 그런데 미국의 좋은 대학에서 자녀 한 명의 일 년 학비를 대기 위해 가족 전체의 수입이 필요할 때, 우리는 물어야 한다. 우리 중 누가 결국 그렇게 성공적이고 마음이 넓은 시민의 일원이 될 수 있는가? 대학이 미국처럼 비싸면, 그 너그러운 자유주의적 비전들은 파시스트 선동가들의 손쉬운 표적이 된다. 극심한 경제적 불평등의 상황에서 부유한 소수만이 자유주의적 교육의 혜택을 누리고 다양한 문화와 규범을 접할 수 있을 때, 자유주의적 관용은 엘리트의 특권으로 쉽게 그려질 수 있다. 극심한 경제적 불평등은 파시스트 선동가들에게 매우 유리한 조건들을 만들어낸다. 그러한 조건들하에서 자유민주주의적 규범들이 번성할 수 있다고 믿는 것은 환상일 따름이다.

에필로그

파시스트 정치의 메커니즘들은 모두 함께 연결되어
서로를 떠받치고 있다. 그것들은 '우리'와 '그들' 사이
의 구별이라는 신화를 엮어낸다. 이 신화는 '그들'은 없
이 '우리'만이 등장했던 낭만화된 허구적 과거에 바탕
을 두고 있다. 그리고 우리가 힘들게 번 돈을 가져가고
우리의 전통을 위협하는 부패한 자유주의 엘리트들에
대한 분개에 의해 뒷받침된다. '그들'은 게으른 범죄자
들이며, 그들에게 자유는 낭비일 뿐이다.(어쨌든 그들
은 자격이 없다.) '그들'은 자유주의의 언어나 '사회정
의'라는 언어로 자신들의 파괴적인 목적을 감추고, 우
리의 문화와 전통을 파괴하고 '우리'를 약하게 만들기
위해 나선다. '우리'는 근면하고 법을 준수하며, 노동을

통해 우리의 자유를 벌었다. 그러나 '그들'은 게으르고
비뚤어지고 부패하고 타락했다. 파시스트 정치는 명백
한 현실과는 상관없이 '우리'와 '그들' 사이에 이런 종
류의 거짓 구별을 만들어내는 망상들을 밀거래한다.

　어떤 사람들은 내가 과잉반응을 하고 있다고 불평하
거나, 오늘날의 사례들이 역사적인 극악무도한 범죄들
에 견줄 정도로 극심하지는 않다고 항의할 것이다. 그
러나 파시스트 신화의 정상화는 정말로 위협적이다.
우리는 '정상'을 좋은 쪽으로 생각하는 경향이 매우 크
다. 상황이 정상일 때에는 불안할 필요가 없으니 그러
는 것이다. 하지만, 역사학과 심리학은 정상성에 대한
우리의 **판단**이 항상 믿을 수 있는 것은 아님을 보여준
다. 예일대의 철학자 조슈아 노브와 동료 심리학자 애
덤 베어는 학술지『인지』에 게재된 2017년 논문「일부
는 통계, 일부는 평가」에서 정상성에 대한 판단은, 건
강함과 적절함(예를 들어 일일 TV 시청 시간 등)처럼, 사
람들이 이상적으로 정상이라고 생각하는 것과 통계적
으로 정상이라고 생각하는 것 둘 다에 영향을 받는다
는 사실을 입증한다.[1]『뉴욕 타임스』'선데이 리뷰'의
기고문에서 그들은 자신들의 결론을 사회 세계에 대한
우리의 판단에 적용한다. 그리하여 그들은 (이전에는

뛰는 언행으로 여겨졌던) 트럼프 대통령의 계속되는 행태가, 실제로 교란을 일으키는 결과를 가져온다는 사실을 발견한다. "이러한 행동들은 단순히 더 전형적인 것으로 여겨지기만 하는 것이 아니다. 그것들은 더 정상적인 것으로 보이게 되고 있다. 그 결과 그 행동들은 덜 나쁘고, 따라서 덜 분노할 만한 것으로 보이게 되는 것이다."[2]

노브와 베어의 연구는 민주주의에서 파시즘으로의 전환을 직접 겪었던 사람들이 자주 경고하는 한 가지 현상을 연구하는 기반이 된다. 그것은 바로, 한때는 상상도 할 수 없던 일을 정상으로 받아들이려는 집단적 경향이다. 이것은 나의 할머니 일제 스탠리의 1957년 회고록 『잊히지 않는』의 중심 주제 중 하나이다. 할머니는 가능한 한 마지막 순간까지, 1939년 7월까지 베를린에 남아 있었다. 그래서 지하활동을 계속할 수 있었다. 1936년부터 '크리스탈나흐트'까지 할머니는 나치 사회복지사 복장을 한 채 작센하우젠 강제수용소를 드나들며 수백 명의 유대인들을 한 사람씩 구해냈다. 책에서 할머니는 자신이 강제수용소에서 목격한 극단적인 일들과, 베를린의 유대인 공동체가 상황의 심각성을 부정하고 이를 정상으로 받아들이는 일 사이의 격차에 대해 자세히 이야기한다. 할머니는 이웃들에게 진실을 납득시키려고 애썼다.

강제수용소는 외부인들이 보기에는 일종의 노동수용소였다. 사람들이 구타당하고, 심지어 죽기도 했다는 소문도 살짝 돌고 있었다. 그러나 비극적인 현실에 대한 이해는 없었다. 우리는 여전히 그 나라를 떠날 수 있었다. 우리는 여전히 우리 집에서 살 수 있었다. 우리는 여전히 우리의 사원에서 예배를 드릴 수 있었다. 우리는 게토에 있었지만 우리 민족의 대다수는 여전히 살아 있었다.

보통의 유대인에게는, 이것으로 충분해 보였다. 우리 모두에게 끝이 다가오고 있다는 것을 깨닫지 못했다.

그해는 1937년이었다.

∘ '수정水晶의 밤'이라는 의미로 1938년 11월 9과 10일에 나치 대원들이 독일 전역과 오스트리아, 체코 일부 지역의 약 7500개의 유대인 가게를 약탈하고 267개의 유대교 회당에 방화를 저질렀던 날을 말한다. 당시 나치가 습격한 상점과 회당의 유리창들이 깨지면서 유리 조각들이 온 거리에 흩어져 반짝였다는 데에서 '수정의 밤'이라는 이름이 유래되었다. '수정의 밤'은 나치의 유대인 말살 정책이 본격화되는 전환점이 되는 사건으로 평가된다.

미국에서 우리는 인종차별적 대량 투옥이 급속히 증가하면서 극단적인 정책들이 정상으로 여겨지는 것을 보아왔다. 이는 나의 생애 동안에 일어난 일이었다. 우리는 최근 미국에서 총기 난사 사건이 정상이 되는 것을 보아왔다. 자유민주주의가 뒤늦게 자리 잡았던 헝가리와 폴란드에서, 우리는 파시즘이 빠르게 정상이 되는 생생한 사례를 볼 수 있다. 그리고 현재 우리는 난민들과 불법체류 노동자들에 대한 잔혹한 공적인 처우가 이제 전 세계적으로 정상이 되고 있는 모습을 목도하고 있다. 미국에서는 도널드 트럼프의 반이민 캠페인이 격화되면서, 온갖 배경을 지닌 수많은 불법체류 노동자들을 익명의 사설 구치소로 몰아넣어 대중의 시야와 관심에서 멀어지게 만들고 있다.

정상화는 도덕적으로 이상한 것을 평범한 것으로 바꾸는 일을 한다. 그것은 마치 일이 언제나 그래왔던 것처럼 보이게 함으로써, 우리가 이전에는 견딜 수 없었던 일을 참을 수 있게 만든다. 반대로, '파시스트'라는 단어는 과장된 잘못된 경고라는 느낌을 갖게 되었다. '정상'이라는 말뜻 그대로, 파시스트 이데올로기의 정상화는 '파시즘'에 대한 고발을 과잉반응처럼 보이게 만들 것이다. 심지어 이러한 우려스러운 방향으로 규범이 변화하고 있는 사회에서조차도 그럴 것이다. 정확히 말해 정상화란, 이데올로기적으로 극단적인 상황들이 잠식해 들어오는 것이 정상적인 일로 보이기 때문에 극단적인 상황으로 인식되지 않는다는 것을 의미한다. 그래서 그것이 파시즘이라고 고발하는 일은 언제나 극단적인 것으로 보일 것이다. '극단적인' 용어를 정당하게 사용하기 위한 골대가 정상화로 인해 계속해서 움직이기 때문이다.

정상적인 것에 대한 우리의 감각이 (그리고 그것을 판단하는 능력이) 변하고 있다고 해서, 파시즘이 지금 우리에게 이미 와 있다는 뜻은 아니다. 그것이 의미하는 바는, '파시즘'이라는 고발이 과장되었다는 직관적인 느낌이 든다고 해서 그 단어의 사용을 반대할 충분한 논거가 되지는 않는다는 사실이다. 오히려, 파시스트 정치의 잠식에 관해 논증을 하려면 그것의 의미와 그 산하의 전술들에 대한 구체적인 이해가 필요한 것이다.

정치적 이익을 위해 파시스트 전술을 사용하는 사람들은 다양한 목표를 가지고 있다. 적어도 이제 히틀러의 의도처럼 세계 지배를 위해 사람들을 동원하려는 것 같지는 않다. 대신, 목표가 다양하다고 해도, 파시스트 사상과 정치는 동반 상승 효과를 내는 공통적인 측면들이 있다. 미국인으로서 내가 지적해둘 한 가지는, 파시스트 전술이 위선적으로 사용되고 있다는 점이다. 정치인들이 중산층과 노동자계급의 백인들 앞에서 민족주의의 깃발을 흔들지만, 국가의 이권을 소수 집권층의 손에 넘기기 위해서 그럴 뿐이다. 그러는 동시에 정치인들은, 미국의 짐 크로우 시대와 마찬가지로, 자신의 지지자들에게 (각양각색으로 정의된) 국가적 정체성이 '값을 매길 수 없는' 지위와 위엄을 보장한다고 계속해서 장담한다.

파시스트 정치는 민주적 규범들로부터의 자유라는 미끼로 대중을 유혹하는 한편, 그것이 대안으로 내놓는 형태의 자유로는 안정된 국민국가가 유지될 수 없으며 자유가 거의 보장될 수도 없다는 사실은 숨긴다. '우리'와 '그들' 사이의 인종, 종교 또는 민족적 갈등에 기반한 국가는 오랫동안 안정을 유지할 수가 없다. 그리고 설령 파시즘이 안정된 국가를 유지할 수 있다고 하더라도, 과연 그 국가가 아이들이 공감할 줄 아는 인간으로 성장할 수 있는 품위 있는 나라가, 좋은 정치 공동체가 될 수 있을까? 물론 아이들이 혐오를 배울 수도 있다. 그러나 혐오를 사회화의 한 차원으로 긍정하는 것은 의도하지 않은 결과를 초래한다. 자기 아이들의 정체성이 타인들을 소외시킨 유산에 기반한 것이기를 정말로 바라는 사람이 있을까?

가속화된 기후변화의 피할 수 없는 영향과, 위에서 논의한 바와 같은 우리 시대의 정치·사회적 불안정성, 그리고 커져가는 세계경제 불평등에 내재된 긴장과 갈등을 놓고 볼 때, 우리는 곧 이전과는 비교도 할 수 없을 정도의 규모로 국경을 넘는 사회적 약자들의 이동에 직면하게 될 것이다. 이는 제2차세계대전 중 난민들의 이동보다도 더 클 것이다. 파시스트 정치를 이용하려는 지도자들과 집단의 위계적 특권을 유지하려는 운동들은, 원조가 필요한 상처 입고 가난한 난민들뿐만 아니라 합법적 이민자들까지도 인종차별적인 고정관념에 맞게 재규정할 것이다.

전 세계의 사려 깊은 많은 시민들은 이러한 과정이 이미 진행되고 있다고 여긴다. 난민 캠프에서의 생활, 공포와 무력 충돌에서 탈출해 캠프까지 오는 여정, 그곳을 떠날 수 없다는 절망 등의 난민 서사는, 파시스트의 강령하에서는 공감을 낳는 이야기이기보다는 테러와 위험의 기원 서사로 바뀐다. 이들은 더 안전한 땅에 이르기 위해 이루 말할 수 없는 공포를 헤쳐나온 사람들이다. 그러한 사람들조차 근본적인 위협으로 그려질 수 있다는 것은, 환상을 빚어내는 파시스트 신화의 힘을 보여주는 증거다. 내가 이 책에서 시도한 것은, 파시스트 신화를 알아보고 그것에 저항할 수 있도록 그 신화의 구조를 상세히 설명하는 일이었다.

우리는 엄청난 도전들에 직면하게 될 것이다. 두려움과 불안 때문에 우리가 헛되이 자존감을 추구하여 위안을 주는 신화적 우월성의 품으로 달아날 때, 우리는 어떻게 공통된 인간적 유대감을 유지할 수 있을 것인가? 성가신 질문들이 우리 시대를 규정하고 있다. 그럼에도 불구하고, 우리는 기나긴 역경에 맞서 힘들게 투쟁하며 공감을 이끌어내는 기획을 성공해온 진보적인 사회운동의 과거 역사에서 위로를 얻을 수 있다.

난민, 페미니즘, 노동조합과 인종적, 종교적, 성적 소수자 등 파시스트 정치의 직접적인 표적들을 살펴본다면, 우리를 분열시키기 위해 어떤 방법이 사용되는지를 알 수 있다. 그러나 우리가 결코 잊어서는 안 되는 것은, 파시스트 정치는 특정한 청중을 염두에 두고서 그들을 주요 표적으로 삼고 있다는 사실이다. 파시스트 정치는 이 청중을 환상으로 꽉 움켜잡아서 그들의 국가에 등록시키려고 한다. 그러면 그들은 이 국가에서 자신들만이 인간의 지위를 '누릴 가치가 있다'라고 여기며 점점 더 집단 망상에 빠져들게 되는 것이다. 그 청중의 지위에 포함되지 않은 사람들은 세계 여기저기의 캠프에서 대기 중이다. 강간범, 살인범, 테러리스트의 역할이 맡겨질 보잘것없는 남녀들 말이다. 파시즘 신화에 현혹되기를 거부함으로써, 우리는 서로를 자유롭게 포용할 수 있다. 우리는 모두 결함이 있고, 우리는 모두 생각과 경험과 이해가 부분적이고 치우쳐 있다. 그러나 우리 중 그 누구도 악마가 아니다.

감사의 글

어머니 사라 스탠리와 아버지 만프레트 스탠리는 난
민이 되어 미국으로 왔다. 두 사람 다 서유럽과 동유럽
에서 반유대주의의 참상을 겪고 살아남았다. 아버지는
여섯 번째 생일 열흘 전에 '수정의 밤'을 겪었다. 어머
니는 폴란드 동부 출신으로 시베리아 노동수용소에서
살아남아 1945년 바르샤바로 송환되었다. 그곳에서
어머니와 외조부모님은 폴란드의 전후戰後 반유대주의
의 잔혹함을 직접 경험했다. 또한 나는 할머니 일제 스
탠리의 유산과 함께 자랐다. 1930년대 베를린 시절에
대한 할머니의 회고록 『잊히지 않는』은 이 책에 깊은
영향을 미쳤다. 우리 가족의 배경은 감정적으로 힘든
부담이었지만, 결정적으로 내가 이 책을 쓸 수 있는 준

비가 된 것은 그런 덕분이기도 했다.

그러나 이 책의 뿌리가 유럽에만 있는 것은 물론 아니다. 나에게 가장 중요한 지적 영향을 미친 사람 중 한 명은 새어머니인 메리 스탠리이다. 메리는 일찍부터 나의 삶에 들어와 내가 미국 역사에 뿌리내리게 도와주었다. 새어머니 덕분에 나는 일찍부터 폐지론, 노동운동의 역사, 무엇보다 그녀가 대학생 때 참여했던 민권운동에 대해 알게 되었다. 친어머니와 아버지의 전망은 비관적이라고 해도 지나친 말은 아니다. 나는 그 감정적 유산과 씨름하며 그것을 다음 세대에 물려주지 않으려고 애쓰고 있다. 새어머니는 항상 희망을 위해 10퍼센트를 남겨두는 것을 잊지 말라고 내게 말해주었다. 그녀의 목소리가 이 책에서 메아리치는 것은 바로 그런 순간들이다. 새어머니는 내가 쓴 여러 초고들을 주의 깊게 읽었고, 어떤 부분은 본질적으로 그녀의 논평의 결과물이다. 내 인생에 그녀가 있어 정말 행운이고, 나는 그녀에게 큰 은혜를 입었다.

내가 미국 역사를 파시즘을 중심으로 볼 수 있도록 도운 것은 메리의 목소리만이 아니었다. 나는 도나 머치와 철학자 크리스티 닷슨 같은 친한 친구들이 있어서 매우 운이 좋았다. 그들은 미국의 인종차별이 유럽 파시즘의 발흥에 어떻게 영향을 끼쳤는지에 대해 끈기 있게 나와 함께 대화를 나누었다. 닷슨과 머치가 소속된 연구 팀의 뉴헤이븐 지사를 이끄는 사람은 티모시 스나이더와 마시 쇼어였으며, 레지널드 드웨인 베츠, 로빈 뎀브로프, 졸탄 겐들러-서보, 앤투안 존슨, 벤 저스티스, 타이터스 카파, 캐스린 로프튼, 트레이시 미어스, 클로디아 랭킨, 제니퍼 리치슨, 안슐 베르마 등이 그 연구원들이었다.(아쉽게도 일부만 언급한다.)

나는 뉴헤이븐에 있는 친구들이 내 일에 아낌없이 헌신해준 것에 매우 감사한다. 나의 '프로파간다, 이데올로기, 민주주의' 수업을 수강한 학부생들에게도 감사한다. 지난 몇 년 동안 그들로부터 많은 것을 배웠다. 뉴헤이븐 밖에서도 많은 사상가들이 이 책의 주제들에 관한 나의 생각에 영향을 미쳤다. 루이스 고든, 로리 그루언, 하워드 칸, 사리 키실렙스키, 마이클 린치, 케이트 만, 찰스 밀스, 데이비드 리빙스턴 스미스, 아미아 스리니비산, 켄 테일러, 피터 앤더슨, 린 티렐, 엘리자베스 앤더슨, 피터 레일튼 등이 그들이다. 내가 2015년 책에서 논의했던 프로파간다 이론이 어떻게 파시스트 정책과 관련이 있는지 설명해보라고 한 브라이언 라이터와 새뮤얼 라이터에게 감사한다.[1] 프린스턴대학 출판부에서 출간하기 위해 작업하고 있는 또 다른 책『허슬: 언어의 정치*Hustle: The Politics of Language*』의 공동 저자인 언어학자 데이비드 비버에게 특히 감사한다. 데이비드는 이 과정 내내 귀중한 대화 상대였다.

이 책은 프린스턴대학 출판부 편집자, 롭 템피오의 제안에서 시작되었다. 그는 나의 2015년 책,『프로파간다는 어떻게 작동하는가*How Propaganda Works*』의 후속편으로 파시즘에 관한 책을 쓰자고 제안했다. 나는 그의 지적인 관대함과, 정치와 관련된 작품을 쓸 수 있는 나의 능력에 대한 신뢰에 매우 감사한다. 나는 이전에 일반 대중을 상대로 한 책을 쓴 적이 없었다. 친구들의 추천에 따라 에이전트를 찾았고, '리걸 앤 호프먼'의 스테파니 스테커와 함께 일하기로 했다. 우리가 2017년 여름에 처음 협력 업무를 시작했을 때, 내가 가지고 있는 것은 두 쪽짜리 초안뿐이었다. 9월 초에, 스테파니와 처음 만났다. 스테파니는 끊임없이 나를 지지해주었고, 내가 말을 들어야 할 때 꾸밈없이 진실을 말해주었고, 해가 될 것 같을 때에는 말을 숨겼다. 그녀는 수없이 많은 초기 원고들을 읽었고, 여러 번 나를 모래사장에서 너른 바다로 몰고 갔다. 똑같은 엄청난 행운이 랜덤하우스 편집자인 몰리 터핀의 모습으로 찾아왔다.

2017년 11월에 이 책의 판권을 얻은 후, 그녀는 여섯 개 남짓한 초고를 읽었고, 사실상 한 줄 한 줄 편집해주었다. 이 책이 읽을 만한 것이 되었다면, 그 공로는 많은 부분은 그녀에게 돌아가야 한다. 나는 스테파니와 몰리 모두에게 크게 신세를 졌다.

뉴헤이븐에 계신 장모님 캐런 앰버시 탄데는 많은 면에서 도움을 주었다. 특히 흑인의 전통에 대한 깊은 지식을 바탕으로, 이 책에서 다루어진 생각들을 시험해볼 수 있는 중요한 고문 역이 되어주었다. 나의 아이들, 알레인과 에밀은 가장 큰 기쁨의 원천이며, 또한 이 일의 필요성을 일깨워주는 존재들이다. 나는 아이들에게 정신적 부담을 주지 않으면서도 가족의 유산에서 나오는 지혜를 물려주기 위해 열심히 노력했다. 만약 이 일을 해낸다면 그것은 나의 가장 큰 승리가 될 것이다. 마지막으로, 언제나처럼, 나의 파트너인 은제리 탄데에게 가장 감사한다. 그녀는 내가 가장 큰 은혜를 입었고 내가 가장 존경하는 사람이다.

옮긴이의 말

『파시즘은 어떻게 작동하는가』의 원저는 2018년 도널드 트럼프와 김정은 사이에 역사상 최초로 북미 정상회담이 성사된 지 몇 달 뒤에 출간되었다. 저자의 3년 전 저작 『프로파간다는 어떻게 작동하는가』의 후속으로 기획된 것이었다. 언어철학과 인식론 분야의 인정받는 분석철학자가 정치에 관한 대중서를 낸다는 것은 이례적인 일이었지만, 트럼프 시대에는 그런 일도 벌어지는 법, 뜻밖의 베스트셀러가 되었다.

파시즘의 광기를 피해 유럽을 탈출한 난민의 아들인 제이슨 스탠리는 가족사를 되돌아보며 질문을 던진다. 권위주의 정치의 바탕인 '우리 대 그들'의 논리가 왜 21세기의 민주주의 국가들에서도 그토록 유혹적인 것이 되었는가?

저자의 이 물음은 도널드 트럼프의 미국만이 아니라 지구상의 여러 지역에서 부상하고 있는 권위주의적 정치 형태 전반을 대상으로 한다. 그가 비록 이 논의 대상을 '파시즘'이라고 명명하지만, 이는 역사적이고 구조적인 분류라기보다는 분석 대상을 한정하기 위해 붙인 식별 표지 정도로 이해하는 것이 적절해 보인다. 스탠리도 일반화의 위험을 의식하고 있기에 자신의 작업이 '파시즘'보다는 '파시스트 정치'에 대한 분석으로 받아들여지기를 바란다. 그는 오늘날 권위주의적 지도자들과 정치집단에서 발견되는 공통적인 정치 행태들을 파시스트 정치로 부르며, 그것이 어떻게 효과를 발휘하는지를 밝히고자 하는 것이다.

파시즘이 작동할 수 있는 사회경제적 상황과 구조에 대해 언급하는 것은 당연한 일이거니와, 언어철학자인 스탠리가 무엇보다 집중하는 것은 파시스트 정치의 설득적 메커니즘이다. 그 물음을 거칠게 표현해보자면, '파시스트 정치인들은 도대체 어떤 수법을 쓰기에 사람들이 그 터무니없는 주장에 설득되어 넘어가는 것일까?' 정도가 되겠다.

저자가 내어놓은 분석 결과의 근거와 타당성을 객관

적으로 따져보는 것은 마땅히 해야 할 일이지만, 그러한 물음에 대한 대답은 자연스레 '연구 보고' 이상의 것이 된다. 그것은 이미 벌어지고 있는 일에 대한 폭로와 고발이 되고, 일어날 일에 대한 경보가 된다. 책이 독자에게 이해를 넘어 각성을 호소하는 것이다. 스탠리의 이전 저작인 『프로파간다는 어떻게 작동하는가』에서는 학술적 언어 속에 그러한 열정이 감춰져 있었다면, 이번 저작에서는 열정이 목소리가 되어 재앙을 경고하고 있다.

이 책을 번역하는 동안 한국은 대통령 선거유세와 새 대통령의 취임과 정치 행보로 적잖이 시끄러웠다. 드문 낱말들이 이 책의 언어들과 겹쳐서 들려왔다. 갈라치기, 혐오의 정치, 그리고 오웰식 언어가 된 반지성주의, 자유, 자유…… 이 책을 처음 읽었을 때 느껴지던 기시감에 이제는 현장감이 더해졌다. 이 책이 전하고 있는 것은 먼 나라의 재난 소식이 아닌 것이다.

재앙을 경고하는 목소리는 환영받기 어렵다. 성서의 숱한 예언자들의 외침에서 할리우드 재난영화의 클리셰까지, 무릇 경보음은 재앙이 닥치고 나서야 비로소 들리기 마련이다. 스탠리는 이 책의 몇몇 곳에서 자신의 주장이 과잉반응과 엄살로 여겨지지 않을까 하는 불안을 내비친다. 진지한 고발이 과장으로 치부되는 메커니즘에 대해 이야기하기까지 한다. 이 번역서에 한국어로 담긴 저자의 목소리가 여러 사람의 귀에 가 닿을 수 있으면 좋겠다.

2022년 10월
김정훈

주석

프롤로그

1. Charles Lindbergh, "Aviation, Geography, and Race," *Reader's Digest,* Nov. 1939, pp. 64~67.

2. Richard Steigmann-Gall, "Star-spangled Fascism: American Interwar Political Extremism in Comparative Perspective," *Social History* 42:1(2017): pp. 94~119.

3. Nour Kteily and Emile Bruneau, "Backlash: The Politics and Real-World Consequences of Minority Group Dehumanization," *Personality and Social Psychology Bulletin* 43:1(2017): pp. 87~104.

1 신화적 과거

1. "Fascism's Myth: The Nation," in Roger Griffin, ed., *Fascism* (Oxford: Oxford University Press, 1995), pp. 43~44.

2. Alfred Rosenberg, "The Folkish Idea of State," in *Nazi Ideology Before 1933: A Documentation,* ed. Barbara Miller Lane and Lei-

293

la J. Rupp(Austin: University of Texas Press, 1978), pp. 60~74, 67.

3. "Motherhood and Warriorhood as the Key to National Socialism," in Griffin, *Fascism,* p. 123.

4. "The New German Woman," in Griffin, *Fascism,* p. 137.

5. Richard Grunberger, *The 12-Year Reich: A Social History of Nazi Germany 1933-1945*(New York: Da Capo Press, 1971), pp. 252~253.

6. Charu Gupta, "Politics of Gender: Women in Nazi Germany," *Economic and Political Weekly* 26:17(April 1991).

7. weev, "Just What Are Traditonal Gender Roles?" *The Daily Stormer,* May 2017. https://dailystormer.name/just-what-are-traditional-gender-roles/.

8. Bernard Mees, *The Science of the Swastika*(Budapest: Central European University Press, 2008), p. 115.

9. Hannah Beech, " 'There Is No Such Thing as Rohingya': Myanmar Erases a History," *New York Times,* December 2, 2017.

10. https://www.tagesspiegel.de/politik/hoecke-rede-im-wortlaut-gemuetszustand-eines-total-besiegten-volkes/19273518.html.

11. H. Himmler, "Zum Gleit," Germanien 8(1936): p. 193, after Bernard Mees, *The Science of the Swastika*(Budapest, Central European University Press, 2008), p. 124.

12. Katie N. Rotella and Jennifer A. Richeson, "Motivated to 'Forget': The Effects of In-Group Wrongdoing on Memory and Collective Guilt," *Social Psychological and Personality Science* 4:6(2013): pp. 730~737.

13. B. Sahdra and M. Ross, "Group Identification and Historical Memory," *Personality and Social Psychology Bulletin* 33(2017): pp. 384~395.

14. 예를 들어, Ishaan Tharoor, "Hungary's Orbán Invokes Ottoman Invasion to Justify Keeping Refugees Out," *Washington Post,* September 4, 2015.

2 프로파간다

1. Elizabeth Hinton, *From the War on Poverty to the War on Crime: The Making of Mass Incarceration in America*(Cambridge, MA: Harvard University Press, 2016), p. 142.

2. Richard Grunberger, *The 12-Year Reich: A Social History of Nazi Germany 1933-1945*(New York: Da Capo Press, 1995), p. 90.

3. W. E. B. Du Bois, *Black Reconstruction*(New York: Oxford University Press, 2014), p. 419.

4. 위의 책, p. 583.

5. Kate Manne은 *Down Girl: The Logic of Misogyny*(New York: Oxford University Press, 2018)에서, 2016년 클린턴이 트럼프에게 패한 사건에서도 비슷한 논리가 작동했다고 논증했다 (pp. 256~263, 271).

6. Peter Pomerantsev, *Nothing Is True and Everything Is Possible: The Surreal Heart of the New Russia*(New York: PublicAffairs, 2014), p. 65.

7. Ozan O. Varol, "Stealth Authoritarianism," *Iowa Law Review,* vol. 100(2015): pp. 1673~1742, 1677.

8. Frederick Douglass, "What to the Slave Is the Fourth of July?," July 5, 1852.

9. 위의 글.

10. Bernard Mees, *The Science of the Swastika*(Budapest: Central European University Press, 2008), pp. 112~113.

11. https://www.youtube.com/watch?v=TTZJoCWuhXE.

3 반지성

1. 예를 들어, "Trump Ran Against Political Correctness. Now His Team Is Begging for Politeness"(*Washington Post,* May 16, 2017)에서 크리스 시저Chris Caesar는 트럼프의 선거전략을 그런 식으로 설명한다.

2. Robert O'Harrow Jr. and Shawn Boburg, "How a 'Shadow' Universe of Charities Joined with Political Warriors to Fuel Trump's Rise," *Washington Post,* June 3, 2017.

3. Fernanda Zamudio-Suarez, "Missouri Lawmaker Who Wants to Eliminate Tenure Says It's 'Un-American,'" *Chronicle of Higher Education,* January 12, 2017.

4. Charu Gupta, "Politics of Gender: Women in Nazi Germany," *Economic and Political Weekly* 26:17(1991): pp. 40~48.

5. Masha Gessen, *The Future Is History: How Totalitarianism Reclaimed Russia*(New York: Riverhead Books, 2017), pp. 264~267.

6. Fred Weir, "Why Is Someone Trying to Shutter One of Russia's Top Private Universities?," *Christian Science Monitor,* March 28, 2017.

7. 제디디아 퍼디Jedidiah Purdy의 2015년 3월 19일 『뉴요커』의 탁월한 기사 "Ayn Rand Comes to UNC"를 보라. 나는 앞의 두 단락에서 언급한 노스캐롤라이나에 대한 정보를 이 기사에서 얻었다.

8. Annie Linskey, "With Patience, and a Lot of Money, Kochs Sow Conservatism on Campuses," *Boston Globe,* February 2, 2018.

9. "In Turkey, Crackdown on Academics Heats Up," *Voice of America*, February 14, 2017.

10. Cited in "Science Scorned"(editorial), *Nature* 467.133, September 2010.

11. Pierre Drieu la Rochelle, "The Rebirth of European Man," in Roger Griffin, ed., *Fascism*(Oxford: Oxford University Press, 2010), pp. 202~203.

12. Adolf Hitler, *Mein Kampf(My Battle)* (Boston and New York: Houghton Mifflin Company, The Riverside Press Cambridge, 1933, Abridged and Translated by E. T. S. Dugdale), pp. 76~77 [『나의 투쟁』, 서석연 옮김, 범우사, 1999].

13. Victor Klemperer, *The Language of the Third Reich*(New York: Continuum, 1947), pp. 20~21.

14. "Fascist Mysticism," in Griffin, *Fascism,* p. 55.

15. Michael Lewis, "Has Anyone Seen the President?," *Bloomberg View,* February 9, 2018.

4 비현실

1. Hannah Arendt, *The Origins of Totalitarianism*(New York: Harcourt, Brace, 1973), p. 351.

2. Ernst Cassirer, "The Technique of the Modern Political Myths," chapter 18 of *The Myth of the State*(New Haven: Yale University Press, 1946).

3. Brian Tashman의 2014년 10월 30일 기사, "Tony Perkins:

Gay Rights Part of Population Control Agenda" in *Right Wing Watch*.

4.   Oliver Hahl, Minjae Kim, and Ezra Zuckerman, "The Authentic Appeal of the Lying Demagogue," *American Sociological Review*, February 2018.

5.   https://www.thenation.com/article/exclusive-lee-atwaters-in-famous-1981-interview-southern-strategy/.

5 위계

1.   Jim Sidanius and Felicia Pratto, *Social Dominance: An Intergroup Theory of Social Hierarchy and Oppression* (New York: Cambridge University Press, 1999).

2.   Felicia Pratto, Jim Sidanius, and Shana Levin, "Social Dominance Theory and the Dynamics of Intergroup Relations: Taking Stock and Looking Forward," *European Review of Social Psychology* 17:1, pp. 271~320, 271~272.

3.   http://teachingamericanhistory.org/library/document/corner-stone-speech/.

4.   W. E. B. Du Bois, "Of the Ruling of Men," in W. E. B. Du Bois, *Darkwater* (Dover, 1999).

5.   Alfred Rosenberg, "The Protocols of the Elders of Zion and Jewish World Policy," pp. 44~59 of *Nazi Ideology Before 1933: A Documentation,* ed. Barbara Miller Lane and Leila J. Rupp (Austin: University of Texas Press, 1978), p. 55.

6 피해자의식

1.   W. E. B. Du Bois, *Black Reconstruction in America: 1860-*

1880(New York: Free Press, 1935), p. 283.

2. Michael Kraus, Julian Rucker, and Jennifer Richeson, "Americans Misperceive Racial Economic Equality," *Proceedings of the National Academy of Sciences of the United States of America* 114:139, pp. 10324~10331.

3. 이에 대한 고전적인 초기 논문은 Herbert Blumer's "Race Prejudice as a Sense of Group Position," *Pacific Sociological Review* 1:1(Spring 1958): pp. 3~7.

4. Maureen Craig and Jennifer Richeson, "On the Precipice of a 'Majority-Minority' America: Perceived Status Threat from the Racial Demographic Shift Affects White Americans' Political Ideology," *Psychological Science* 25:6(2014): pp. 1189~1197.

5. M. A. Craig, J. M. Rucker, and J. A. Richeson, "Racial and Political Dynamics of an Approaching 'Majority-Minority' United States," *Annals of the American Academy of Political and Social Science*(in press, April 2018).

6. Michael Kimmel, *Angry White Men: American Masculinity at the End of an Era*(New York: Nation Books, 2013), pp. 110~111.

7. 위의 책, p. 112.

8. Kate Manne, *Down Girl: The Logic of Misogyny*(New York: Oxford Press, 2018), pp. 156~157.

7 법질서

1. Shanette C. Porter, Michelle Rheinschmidt-Same, and Jennifer Richeson, "Inferring Identity from Language: Linguistic Intergroup Bias Informs Social Categorization," *Psychological Science* 27:1(2016): pp. 94~102.

2. James Baldwin, "Negroes Are Anti-Semitic Because They Are Anti-White," *New York Times*, April 9, 1967.

3. Nic Subtirelu, "Covering Baltimore: Protest or Riot?" *Linguistic Pulse: Analyzing the Circulation of Discourse in Society,* April 29, 2015.

4. David Roodman, "The Impacts of Incarceration on Crime", Open Philanthropy Project, September 2017.

5. Amy Lerman and Vesla Weaver, *The Democratic Consequences of American Crime Control*(Chicago: University of Chicago Press, 2014).

6. W. E. B. Du Bois, *The Annals of the American Academy of Political and Social Science,* 11:1-23, January 1898.

7. Aneeta Rattan, Cynthia Levine, Carol Dweck, and Jennifer Eberhardt, "Race and the Fragility of the Legal Distinction Between Juveniles and Adults," *PLoS ONE* 7:5, May 23, 2012.

8. Rebecca C. Hetey and Jennifer L. Eberhardt, "Racial Disparities in Incarceration Increase Acceptance of Punitive Policies," *Psychological Science* 25:10(2014): pp. 1949~1954.

8 성적 불안

1. Keith Nelson, "The 'Black Horror on the Rhine': Race as a Factor in Post-World War I Diplomacy," *Journal of Modern History* 42.4(December 1970): pp. 606~627.

2. "Rape, Racism, and the Myth of the Black Rapist," in Angela Davis, *Women, Race and Class*(New York: Random House, 1981), p. 173[『여성, 인종, 계급』, 황성원 옮김, 아르테, 2022].

3. Crystal Nicole Feimster, *Southern Horrors: Women and the Pol-*

itics of Rape and Lynching(Cambridge, MA: Harvard University Press, 2009), pp. 78~79.

4.　예컨대, 위의 책, p. 90.

5.　Charu Gupta, "The Myth of Love Jihad," *Indian Express,* August 28, 2014. Gupta also has an academic article on the Love Jihad myth, "Allegories of 'Love Jihad' and Ghar Vāpasī: Interlocking the Socio-Religious with the Political," *Archiv Orientální* 84 (2016): pp. 291~316.

6.　Julia Serano, *Whipping Girl: A Transsexual Woman on Sexism and the Scapegoating of Femininity*(Berkeley: Seal Press, 2007), p. 15.

7.　Johanna Laakso, "Friends and Foes of 'Freedom,' " *Hungarian Spectrum*(online), December 28, 2017.

9 소돔과 고모라

1.　*Mein Kampf,* p. 52.

2.　Adolf Hitler, Gerhard Weinberg, and Krista Smith, *Hitler's Second Book: The Unpublished Sequel to Mein Kampf*(Enigma Books, 2006), p. 26.

3.　Alfred Rosenberg, "German Freedom as a Prerequisite for Folk Culture," in *Nazi Ideology Before 1933: A Documentation,* ed. Barbara Miller Lane and Leila J. Rupp(Austin: University of Texas Press, 1978), pp. 124~126.

4.　"Official Party Statement on Its Attitude Toward the Farmers and Agriculture," in Lane and Rupp, *Nazi Ideology Before 1933,* pp. 118~123.

5.　위의 잡지, p. 122.

6.　Maria Sacchetti and Emily Guskin, "In Rural America, Fewer

Immigrants and Less Tolerance," *Washington Post,* June 17, 2017.

7. Lucy Pasha-Robinson, "French Election: Marine Le Pen Wins Just 5% of Paris Vote While FN Rural Support Surges," *Independent,* April 24, 2017.

8. https://www.bbc.com/news/world-europe-39870460.

9. Nico Passchier, "The Electoral Geography of the Nazi Landslide: The Need for Community Studies," in *Who Were the Fascists,* ed. Stein Ugelvik Larsen, Bernt Hagtvet, and Jan Petter Myklebust(Oslo: Universitatsforlaget, 1980), pp. 283~300.

10. Elliot Ackerman, "Atatürk Versus Erdoğan: Turkey's Long Struggle," *New Yorker,* July 16, 2016.

11. "The Jews" in Richard Grunberger, *The 12-Year Reich: A Social History of Nazi Germany 1933-1945*(New York: Da Capo Press, 1995), p. 458.

12. *Mein Kampf,* p. 9.

13. R. W. Darré, "The Peasantry as the Key to Understanding the Nordic Race," in Lane and Rupp, *Nazi Ideology Before 1933,* pp. 103~106.

14. 출생률에 대한 푸틴의 강박에 대해서는 Masha Gessen, *The Future Is History: How Totalitarianism Reclaimed Russia*(New York: Riverhead Books, 2017), pp. 374~375.

15. Benito Mussolini, "The Strength in Numbers," in Roger Griffin, ed., Fascism(Oxford: Oxford University Press), pp. 58~59.

16. *Mein Kampf,* p. 127.

17. Gregory Paul Wegner, *Anti-Semitism and Schooling Under the Third Reich*(New York: Routledge / Studies in the History of Ed-

ucation, 2002), p. 59.

10 노동이 그대를 자유케 하리라

1. "Guidelines of the German Workers' Party," *Nazi Ideology Before 1933: A Documentation,* ed., Barbara Miller Lane and Leila J. Rupp(Austin: University of Texas Press, 1978), p. 10.

2. Martin Gilens, "'Race Coding' and White Opposition to Welfare," *American Political Science Review 90.3*(September 1996): pp. 593~604.

3. Hannah Arendt, "The Seeds of a Fascist International," *Jewish Frontier* 1945, pp. 12~16. 해당 구절은 Hannah Arendt, *Essays in Understanding,* ed. Jerome Kohn(New York: Random House, 1994)의 p. 147에 등장.

4. Timothy Snyder, *Black Earth: The Holocaust as History and Warning*(New York: Crown, 2015), p. 228[『블랙 어스: 홀로코스트, 역사이자 경고』, 조행복 옮김, 열린책들, 2018].

5. "Situation of Human Rights of Rohingya Muslims and Other Minorities in Myanmar," 유엔인권고등판무관실 보고서, 유엔인권고등판무관실 연차보고서, 유엔고등판무관실 및 사무총장 보고서. June 28, 2016.

6. Frantz Fanon, *Black Skin, White Masks*(New York, Grove Press, 2008), p. 73[『검은 피부, 하얀 가면』, 노서경 옮김, 2022].

7. Devah Pager, "The Mark of a Criminal Record," *American Journal of Sociology* 108:5(March 2003): pp. 937~975.

8. Douglas Blackmon, *Slavery by Another Name: The Reenslavement of Black Americans from the Civil War to World War II*(New York: Doubleday, 2008).

9. Elizabeth Hinton, *From the War on Poverty to the War on Crime: The Making of Mass Incarceration in America*(Cambridge, MA: Harvard University Press, 2016), p. 163.

10. Lewis Gordon, *Bad Faith and Anti-Black Racism*(Humanity Books, 1995). 또한 Charles Mills, "White Ignorance," in Shannon Sullivan and Nancy Tuana, *Race and Epistemologies of Ignorance*(SUNY Press, 2007), pp. 13~38과 Gaile Pohlhaus, "Relational Knowing and Epistemic Injustice: Toward a Theory of Willful Hermeneutical Ignorance," *Hypatia: A Journal of Feminist Philosophy* 27:4(2012): pp. 715~735을 보라.

11. *Mein Kampf,* p. 258.

12. Archon Fung, "It's the Gap, Stupid," *Boston Review,* September 1, 2017.

13. W. E. B. Du Bois, *Black Reconstruction in America:* 1860-1880(New York: Free Press, 1935), p. 580.

14. Marc Dixon, "Limiting Labor: Business Political Mobilization and Union Setback," *States Journal of Policy History* 19.2(2007): pp. 313~344.

15. Michael Pierce, "The Origins of Right to Work: Vance Muse, Anti-Semitism, and the Maintenance of Jim Crow Labor Relations," *Labor and Working Class History Organization,* January 12, 2017.

16. 경제적 자유지상주의의 반자유주의적인 귀결들과 이 문단에서 다루어진 주제들에 관해서는 엘리자베스 앤더슨Elizabeth Anderson의 책 *Private Government: How Employers Rule Our Lives (And Why We Don't Talk About It),* (Princeton University Press, 2017)를 보라.

17. 뒤셀도르프 인더스트리 클럽에서 한 히틀러의 이 연설은 Max Domarus, ed., *Hitler: Speeches and Proclamations 1932-1945, The Chronicle of a Dictatorship* (London: I. B. Tauris, 1990), vol. 1, pp. 94~95에서 가져왔다.

에필로그

1. Adam Bear and Joshua Knobe, "Normality: Part Statistical, Part Evaluative," *Cognition,* vol. 167(October 2017): pp. 25~37.

2. Adam Bear and Joshua Knobe, "The Normalization Trap," *New York Times* Sunday Review, January 28, 2017.

감사의 글

1. Brian Leiter and Samuel Leiter, "Not Your Grandfather's Propaganda," *The New Rambler Review,* October 2015.

우리와 그들의 정치
파시즘은 어떻게 작동하는가

1판 1쇄 발행	2022년 12월 7일
1판 2쇄 발행	2023년 1월 17일
지은이	제이슨 스탠리
옮긴이	김정훈
펴낸이	임양묵
펴낸곳	솔출판사
편집	윤진희 김재휘
경영관리	이슬비
주소	서울시 마포구 와우산로29가길 80(서교동)
전화	02-332-1526
팩스	02-332-1529
블로그	blog.naver.com/sol_book
이메일	solbook@solbook.co.kr
출판등록	1990년 9월 15일 제10-420호

© 제이슨 스탠리, 2022

ISBN   979-11-6020-187-1   (03300)